**TRATADO DA REFORMA
DA INTELIGÊNCIA**

Baruch de Espinosa

TRATADO DA REFORMA DA INTELIGÊNCIA

TRADUÇÃO, INTRODUÇÃO E NOTAS LÍVIO TEIXEIRA

Título original: TRACTATUS DE INTELLECTUS EMENDATIONE.
Copyright © 2004, Livraria Martins Fontes Editora Ltda.
Copyright © 2024, Editora WMF Martins Fontes Ltda.,
São Paulo, para a presente edição.

1ª edição 1966 (CIA. ED. NACIONAL)
3ª edição 2024

Editores *Alexandre Carrasco e Pedro Taam*
Tradução *Lívio Teixeira*
Acompanhamento editorial *Diogo Medeiros*
Revisão *Ana Caperuto*
Produção gráfica *Geraldo Alves*
Paginação *Renato Carbone*
Capa e projeto gráfico *Gisleine Scandiuzzi*

Dados Internacionais de Catalogação na Publicação (CIP)
(Câmara Brasileira do Livro, SP, Brasil)

Espinosa, Baruch de, 1632-1677.
 Tratado da reforma da inteligência / Baruch de Espinosa ; tradução, introdução e notas Lívio Teixeira. – 3. ed. – São Paulo : Editora WMF Martins Fontes, 2024. – (Clássicos)

 Título original: Tractatus de intellectus emendatione.
 Bibliografia.
 ISBN 978-85-469-0515-7

 1. Ciência – Metodologia 2. Teoria do conhecimento I. Teixeira, Lívio. II. Título. III. Série.

23-180230 CDD-121

Índice para catálogo sistemático:
1. Epistemologia : Filosofia 121

Cibele Maria Dias – Bibliotecária – CRB-8/9427

Todos os direitos desta edição reservados à
Editora WMF Martins Fontes Ltda.
Rua Prof. Laerte Ramos de Carvalho, 133 01325-030 São Paulo SP Brasil
Tel. (11) 3293-8150 e-mail: info@wmfmartinsfontes.com.br
http://www.wmfmartinsfontes.com.br

ÍNDICE

Nota preliminar VII
Introdução IX
   A reforma da inteligência IX
   Os modos de percepção XIV
   A escolha do melhor modo de percepção XX
   Sobre o Método XXIV
   A doutrina do erro XXXI
   Da definição XL
   A Física e o lugar da experiência na Filosofia de Espinosa L
   As propriedades e a definição da inteligência LVIII

TRATADO DA REFORMA DA INTELIGÊNCIA 1

NOTA PRELIMINAR

Sendo o intuito do filósofo, no *Tratado*, preparar o leitor para a boa compreensão de sua filosofia, julgamos de conveniência, na Introdução e nas notas ao texto, referir-nos também à *Ética* e a algumas de suas doutrinas principais, toda vez que tal referência pudesse ser útil. O texto que usamos foi o de Carl GEBHARDT, edição da Academia de Ciências de Heidelberg, de 1924-26*, resultado de admirável trabalho crítico, em que foram tomadas em consideração, entre outras coisas, as variantes que se encontram em tradução holandesa feita em vida de ESPINOSA, sobre texto anterior ao da edição Princeps e que lançou muita luz sobre o *Tratado*.

Em nossa tradução esforçamo-nos por ater-nos o mais possível ao texto latino, sacrificando mesmo qualquer veleidade de elegância em benefício da exatidão e da clareza. Como pontos de referência tivemos sempre diante de nós a excelente tradução italiana de A. Carlini, assim como as traduções francesas de Ch. Appuhn e de A. Koyré, e a inglesa de Dagobert D. Runes.

Nas citações do *Tratado* usamos a sigla *T.R.I.*, seguida de um algarismo que indica o número do trecho ou parágrafo em que se acha o texto.

As citações da *Ética* se referem à edição bilíngue de Ch. Appuhn; as do *Breve tratado* a *Oeuvres de Spinoza*, vol. I, tomo I; as das *Cartas*, ao mesmo volume, tomo III, da mesma edição.

---

* As páginas dessa edição, mundialmente utilizada como referência das obras espinosanas, foram acrescentadas à margem da tradução. (N. do E.)

As notas de ESPINOSA ao texto do *Tratado* são indicadas por asteriscos.

As notas do tradutor ao texto são indicadas por algarismos arábicos e trazem sempre, no fim, as maiúsculas N. do T.

A presente edição foi preparada por Homero Santiago. As notas introduzidas pelo preparador são indicadas por asterisco e podem ser identificadas pela abreviatura N. do E.

INTRODUÇÃO

A reforma da inteligência

O *Tratado da reforma da inteligência* é um trabalho inacabado. Espinosa não chegou, por motivos que se discutem, a completá-lo segundo os planos que fizera. Também não apresenta aquele polimento literário que os autores costumam dar a suas obras antes de publicá-las. Encontram-se nele imperfeições de linguagem e obscuridades. A despeito disso, diz o autor da "Advertência" inicial, juntada à obra quando de sua publicação póstuma, ele "contém muitas coisas excelentes e úteis para o sincero indagador da verdade". É um texto de capital importância como introdução a esse monumento filosófico que é a *Ética*. Seria difícil, sem o *Tratado*, compreender os pressupostos epistemológicos que levam Espinosa a deduzir tudo das definições que se encontram no princípio de sua obra principal: definição de *causa sui*, de substância, de Deus. Poderia parecer que a *Ética* é uma espécie de Teologia Racional, semelhante às teologias tradicionais na medida em que explicam todas as coisas pelo poder divino. É verdade que no próprio desenvolvimento da dedução se encontram elementos que corrigiriam qualquer confusão a respeito desse assunto. Não é menos certo que o *Tratado* esclarece o sentido e o alcance dessas definições iniciais.

Talvez ainda mais importante que essa fundamentação epistemológica é a necessidade, tal como a inculca o próprio título da obra, de uma reforma da inteligência, sem a qual ninguém poderá chegar à mais alta sabedoria. É uma *emendatio*, uma correção da inteligência. Não se trata de regras de bem pensar para serem aplicadas à investigação da verdade, como, por exemplo, as "Regulae ad directionem ingenii", de DESCARTES, mas de uma meditação sobre a natureza do pensamento que nos leve, como pela mão, a uma sorte de conversão intelectual, a uma radical mudança de ponto de vista que permitirá ver todas as coisas, inclusive o homem e seu destino, na total unidade do Ser Perfeitíssimo, e eliminará as ilusões que conduzem às filosofias pluralistas e à crença em uma jurisdição privilegiada para o homem dentro da ordem universal das coisas.

Só pela leitura atenta do *Tratado* se poderá chegar à plena compreensão do significado da reforma. Desde já, porém, indicaremos alguns de seus aspectos mais importantes.

Primeiramente, não há para o homem nenhuma verdade, a não ser a que é criada pela sua própria inteligência. Isso não significa que não existe nada que o exceda: ao contrário, como se verifica na *Ética*, a inteligência humana é apenas um "modo finito" do pensamento infinito. Significa, isso sim, que a verdade não vem de fora, que não há nenhum critério da verdade, nenhuma justificação transcendente da verdade. Neste ponto, como em outros, afasta-se da doutrina de DESCARTES, para quem a evidência das ideias claras e distintas não é em si suficiente: há necessidade de apelar para a veracidade divina, a fim de eliminar a possível ingerência do *malin génie*, e para o poder infinito de Deus como criador das verdades eternas. Para ESPINOSA, a nossa inteligência é criadora das ideias verdadeiras, ainda que essa criação não seja senão a descoberta de que, como modo finito da substância divina, não podemos bem pensar a não ser quando pensamos, a partir de Deus, a ordem universal das ideias.

Em vista disso, o que importa é conhecer nossa própria inteligência, uma vez que só dela nos pode vir a verdade. Não devemos, contudo, pressupor a existência de uma substância cuja atividade consiste em pensar ideias que já estão nela ou lhe vêm de fora: conhecer nossa inteligência é simplesmente, e sem mais, conhecer nossas ideias. Inteligência, mente são outros tantos nomes para as nossas ideias, eliminada qualquer conotação a uma realidade substancial. A ideia do Ser Perfeito, que se concebe por si e existe por si e que é a causa primeira e única de todas as essências e de todas as existências, é a suprema realização da mente humana, a mais alta verdade. A reforma da inteligência consiste em perceber isso, percebendo ao mesmo tempo que, por ser assim, nossa inteligência, que vem de Deus, não pode senão levar-nos a Deus.

* * *

Nas primeiras páginas do *Tratado*, aliás as mais cuidadas, as mais bem escritas de toda a obra, ESPINOSA conta que, para ele mesmo, a reforma da inteligência começou com uma angustiosa indagação a respeito do Bem Supremo. É o vivo sentimento da futilidade das coisas que os homens ansiosamente desejam possuir ou temem perder que leva o filósofo a perguntar se existe um Bem Soberano, bem verdadeiro, capaz de ser partilhado por todos, que possa oferecer o "gozo de contínua e suprema felicidade", mesmo com sacrifício daquilo que o senso comum considera como o que há de mais desejável – riquezas, prazeres e honras.

O filósofo não despreza esses bens comuns, a despeito de sua inanidade e até de sua possível nocividade. Não são coisas de somenos o dinheiro, os gozos da vida ou o gozo do poder. Não se pode sacrificá-los impensadamente. Talvez sejam os únicos bens do homem.

Sente-se que, a essa altura, as páginas da introdução ao *Tratado* refletem uma experiência pessoal. ESPINOSA contentou-se com ganhar sua subsistência como polidor de lentes. Sabe-se que poderia ter escolhido a vida de um comerciante suficientemente abastado, ou de um respeitável rabino, ou de um professor universitário. Coisas pequenas para um ambicioso, sem dúvida. Mas o tom dramático dessa meditação inicial do *Tratado* não admite que interpretemos sua escolha da sabedoria como simples compensação intelectual pelo fato de considerar que lhe estavam vedadas aspirações mais altas. Na verdade, ele é um predestinado, um dos que vivem a inquietação, a angústia da condição humana. A indagação acerca do sentido último das coisas é o sentido de sua vida.

* * *

Já está dentro das linhas da filosofia de ESPINOSA o primeiro pressentimento de solução, que aqui encontramos. Nossa felicidade ou nossa miséria dependem unicamente disto: a que espécie de coisas dedicamos nosso amor? Há na ética espinosana um elemento afetivo, quase religioso. O conhecimento é necessário, mas não suficiente para nossa salvação. Em vários lugares de sua obra, ESPINOSA cita o célebre verso de Ovídio, aliás tão conforme à experiência cristã: *Video meliora proboque, deteriora sequor.* Contudo, se disséssemos que para ESPINOSA o conhecimento do bem, só por si, não nos dá forças para praticá-lo, estaríamos traindo de certo modo seu pensamento, na medida em que, com isso, supuséssemos a necessidade de alguma intervenção externa em favor do homem, a fim de dar-lhe forças. O que há é uma relação simples entre o que conhecemos e o que amamos. Amamos aquilo que conhecemos. Daí a necessidade de elevar-nos ao conhecimento do que é permanente, imutável, eterno. O conhecimento de Deus trará o amor de Deus. E "o amor das coisas eternas e infinitas nutre a alma de puro gozo, isento de qualquer tristeza..."[1].

Não foi de pronto que o filósofo chegou a isso. Ao contrário, diz ele, ainda que visse claramente estas coisas, não conseguia livrar-se por isso da inclinação à cobiça e do amor dos prazeres e da glória. Nota, por outro lado, que, ao aplicar-se a esta meditação, conseguia libertar-se daquelas paixões e entregar-se à busca de uma nova regra de vida, o que lhe deu grande contentamento, ainda maior quando percebeu que o amor das coisas passageiras não é mau senão quando elas se tornam para nós o objetivo único da vida, mas não quando usadas como meios para alcançar mais altos fins. De início raros e breves, esses momentos de felicidade que lhe proporcionava a meditação foram-se tornando mais frequentes e prolongados à medida que cada vez melhor conhecia o verdadeiro bem.

*　*　*　**

A essa altura termina a parte dramática da introdução, aquela em que ESPINOSA lembra uma experiência pessoal, na qual se viu, como diz, em uma situação de extremo perigo.

---

[1] *T.R.I.*, nº 10.

Segue-se uma exposição de caráter impessoal sobre o que entende por "bem verdadeiro" e "sumo bem". O filósofo faz entre essas duas coisas uma distinção que, entretanto, só se tornará bem clara com o desenvolver-se de seu pensamento. É que já aqui se encontra uma outra das grandes linhas de seu sistema, isto é, o da referência que inevitavelmente o homem faz de todas as coisas a seus próprios interesses, enquanto não chega a compreender que é apenas uma parte ou um modo de ser da Natureza Única. Enquanto o homem não alcança pelo pensamento esta ordem total, concebe, pelo contraste com suas próprias fraquezas e deficiências, uma natureza humana superior e, então, considera bem e "bem verdadeiro" aquilo que é um meio para chegar a essa perfeição, e mal o que o afasta dela. O "sumo bem" seria o de chegar a gozar com outros homens dessa natureza superior.

É de notar que ESPINOSA não considera errônea, mas simplesmente incompleta, essa visão do bem e do mal, do perfeito e do imperfeito, do bem verdadeiro e do soberano bem a que o homem pode chegar por um conhecimento que consiste em ver tudo do ponto de vista do interesse humano. Mas essa concepção do soberano bem pode ser superada por uma outra mais alta, quando chegamos a compreender, mais profundamente, o que é a natureza superior do homem, isto é, quando deixamos de considerar que a natureza superior é a de uma espécie de super-homem, liberto de todas as fraquezas e deficiências e possuidor, no mais alto grau, de todas as qualidades e virtudes, para considerar que essa natureza superior é "o conhecimento da união da mente com a Natureza inteira"[2], frase esta que resume o essencial da filosofia espinosana. Aqui está, de fato, a doutrina da salvação pelo conhecimento. A natureza superior é um conhecimento: que o homem está essencialmente unido a um todo que o ultrapassa. Este conhecimento, sendo o da união da mente com a Natureza inteira, é não só intelectual, mas tem algo de afetivo, uma vez que, como já vimos, amamos o que conhecemos. Faz parte da essência de cada coisa a tendência para

---

[2] *T.R.I.*, nº 10.

perseverar no próprio ser³. Para isso cada um tem de valer-se das coisas que o cercam. O conhecimento é algo intencional em relação às possibilidades de sobrevivência e de afirmação que as coisas nos oferecem. Eis por que o conhecimento nunca é puramente teórico ou desinteressado, nunca pode deixar de ferir, positiva ou negativamente, nossa afetividade. É por isso que nossa vida normal, ou seja, a realização de nossa tendência para perseverar em nosso ser, depende do que conhecemos da Natureza: isso determina o objetivo de nosso amor, que, por sua vez, dá a qualidade e o valor de nossa vida.

A necessidade de reformar a inteligência se torna clara.

Os modos de percepção

A ordem que nos é naturalmente imposta, diz ESPINOSA⁴, exige que, para a reforma da inteligência, comecemos pelo estudo dos modos de percepção. Trata-se de uma sorte de inventário dos diversos modos de pensar, que usamos antes de qualquer investigação crítica referente a seu valor de conhecimento. É isso que significa a expressão "os quais (modos) temos usado até aqui para afirmar ou negar qualquer coisa, *sem duvidar*", isto é, ingenuamente, sem indagar da verdade dessa afirmação ou negação⁵. Esse exame dos nossos modos de percepção não se faz com o propósito de separar o bom modo ou os bons modos dos que não o são, mas com o de "escolher o melhor", o que sem dúvida indica que se há modos de conhecer melhores que outros, todos são modos de *conhecer*.

A doutrina de ESPINOSA, tal como se encontra na *Ética*, em que tudo tem de ser explicado a partir da realidade absoluta do Ser Perfeitíssimo, não pode admitir a existência de algo que seja absolutamente negativo: tudo o que existe exprime de algum modo a realidade do Ser Perfeito que determina sua existência. Assim os nossos pensamentos, que são modos de um absoluto divino, não podem

---

³ *Ética*, l. III, prop. VII.
⁴ *T.R.I.*, nº 18.
⁵ Conf. Lívio TEIXEIRA: *A doutrina dos modos de percepção e o conceito de abstração na filosofia de Espinosa*, p. 10. [2ª ed., Ed. da Unesp, 2001, p. 23. (N. do E.)]

deixar de ter alguma realidade, mesmo que se trate de pensamentos obscuros, que dizem respeito às afecções de nosso corpo, isto é, às percepções sensíveis e aos conceitos que nos vêm da imaginação[6].

A exposição dos diversos modos de percepção consta das seguintes partes:

a) uma primeira apresentação dos diversos modos, com exemplos para ilustrar cada um;
b) um exemplo único – a regra para determinar o quarto termo de uma proporção – para ilustrar os diversos modos;
c) indicação dos meios que são "necessários para alcançar nosso fim", isto é, levar nossa natureza à perfeição;
d) só depois disso se trata de determinar "o melhor modo".

Os dois primeiros modos são o conhecimento pelo ouvir dizer e o que nos vem de uma experiência vaga. São conhecimentos dos sentidos e da imaginação sobre o sensível. Nos exemplos, ESPINOSA assinala que se trata de coisas referentes ao "uso da vida", como a lembrar que, já em nível inferior ao uso da inteligência, o homem encontra modos de pensar que são necessários à sua sobrevivência. Nada desprezíveis como conhecimento, por conseguinte[7]. O terceiro e o quarto modos de percepção resultam da atividade da inteligência. Poderia parecer, à primeira vista, que a diferença entre esses dois está em que o terceiro modo seria o da dedução ou do raciocínio, e o quarto a contemplação direta da verdade, a intuição, sem o raciocínio. Isso, de fato, parece encontrar apoio nos textos, uma vez que, do terceiro modo, ESPINOSA diz que é aquele em que "de algum efeito deduzimos sua causa, ou quando se conclui a partir de algo universal que vem sempre acompanhado de alguma outra propriedade". Do quarto modo, diz que é o conhecimento pela essência da coisa ou pela sua causa próxima. No exemplo para ilustrar os diversos modos de percepção – a determinação do quarto número proporcional – quando se trata do terceiro modo, ESPINOSA

---

[6] *Ética*, l. II, prop. XVII ss.
[7] *T.R.I.*, nº 20.

diz que é o dos matemáticos, que determinam esse número pela propriedade que têm as proporções de serem iguais os produtos dos meios e dos extremos. Por esse modo, contudo, os matemáticos não chegam a um conhecimento adequado. Para alcançá-lo, será necessário passar para o quarto modo, o da intuição, no qual, diz o texto, não se fazem operações – *nullam operationem facientes*. Aparentemente, portanto, sem o raciocínio. Neste mesmo sentido se alinhariam os outros exemplos – que 2 + 3 = 5 e que por um ponto fora de uma reta só se pode passar uma paralela a essa reta.

A despeito desses textos, a distinção entre o terceiro e o quarto modos não se faz pela presença da dedução em um e sua ausência em outro. O fato de se dizer que o quarto modo é o conhecimento pela essência da coisa ou pela sua *causa próxima* já nos obriga a afastar essa interpretação. Trata-se da causa racional das ideias. Por exemplo, a causa próxima da ideia de esfera – a definição de esfera – é a ideia de um semicírculo que gira em torno do diâmetro; ora, uma vez lançado na pesquisa da causa próxima de uma ideia, o espírito tem de ir, de causa próxima em causa próxima, até a ideia do Ser Perfeitíssimo que é causa de si mesmo e não admite qualquer causa. O conhecimento pela causa próxima – que é do quarto modo – nos lança, pois, em um movimento regressivo do pensamento, uma série de operações, o que não se ajusta à qualificação do quarto modo como sendo aquele em que o entendimento conhece sem fazer operações.

Conquanto seja parte fundamental do *Tratado* que, sem dúvida, são prolegômenos epistemológicos à *Ética*, esta doutrina dos modos de percepção se encontra também na própria *Ética* como um dos aspectos da grande dedução de todas as ideias a partir da ideia de Deus ou de Substância. Na verdade há, do *Tratado* para a *Ética*, um aprofundamento dessa doutrina, implicitamente admitido pelo próprio filósofo. Realmente, ESPINOSA declara[8] que deveria escrever um novo tratado referente à doutrina do conhecimento e que por isso na própria *Ética* não apresenta senão aquilo "que é necessário saber", isto é, sem dúvida, aquilo que decorre necessariamente do desen-

---

[8] *Ética*, l. II, prop.XL, escólio I.

volvimento da grande dedução[9]. De qualquer modo isso significa que ele não estava plenamente satisfeito com o que antes escreveu sobre o assunto, seja no *Breve tratado*, seja no *Tratado da reforma da inteligência*.

Não podemos, pois, deixar de recorrer à *Ética* para esclarecer a doutrina do *Tratado*.

A respeito do ponto que estamos discutindo, isto é, a maneira como se distingue o terceiro do quarto modo, a própria *Ética* em si é um desmentido ao critério da presença ou ausência de dedução para diferenciá-los. Não se pode, realmente, pensar que ESPINOSA não tenha usado, ao escrevê-la, o melhor modo de pensar, isto é, o quarto. Ora, a *Ética* é uma dedução. É *more geometrico demonstrata*.

Nem se diga que na *Ética* ESPINOSA poderia ter usado os dois modos, isto é, o quarto modo, intuitivo e sem dedução, para as definições e axiomas, e o terceiro para deduzir a partir das definições e axiomas. Contra isso há textos que afirmam claramente que o terceiro gênero de conhecimento[10] é que dá forma e fundamentação epistemológica a toda a *Ética*. Na definição do terceiro gênero[11] diz ESPINOSA: "Este gênero de conhecimento *procede* da ideia adequada da essência formal de certos atributos de Deus para o conhecimento adequado da essência das coisas". No mesmo sentido o

---

[9] Em carta contemporânea ou posterior à ocasião em que terminou a *Ética*, carta nº 60, de 1675, ESPINOSA se refere ainda uma vez a essa sua intenção de escrever sobre o Método.

[10] No *Tratado*, ESPINOSA discrimina quatro "*modos de percepção*". Na *Ética*, livro II, prop. XL, escólio II, fala-se de três "*gêneros de conhecimento*". É que os dois primeiros "modos de percepção" do *Tratado* se reduzem ao primeiro "gênero de conhecimento" da *Ética*.

Para evitar confusões, nos ateremos à própria terminologia do filósofo.

Quando nos referirmos ao *Tratado*, usaremos sempre a expressão "modos de percepção"; quando à *Ética*, "gêneros de conhecimento".

É preciso ter em mente o seguinte esquema:

T.R.I.	ÉTICA
1º modo de percepção	1º gênero de conhecimento
2º modo de percepção	
3º modo de percepção	2º gênero de conhecimento
4º modo de percepção	3º gênero de conhecimento

[11] *Ética*, l. II, prop. XL, escólio II.

escólio da prop. XLVII do mesmo livro II: "(...) segue-se que podemos deduzir deste conhecimento (o da essência de Deus) um grande número de consequências, que conhecemos adequadamente, e formar assim o terceiro gênero de conhecimento de que falamos no escólio II da prop. XL". Não há dúvida, pois, de que o terceiro gênero da *Ética* (quarto modo do *Tratado*) inclui a dedução. Já se está vendo, porém, que não se trata de qualquer dedução, mas daquela que, partindo da definição da essência do Ser Perfeitíssimo, deduz a essência de todas as outras coisas.

Como explicar então o *nullan operationem facientes* que se encontra no *Tratado* como característica do quarto modo? Talvez se deva entender que essa expressão se refere tão somente ao gênero de dedução que está em causa no citado texto, isto é, àquele em que se conclui *a partir das propriedades das coisas* (no caso, a conclusão dos matemáticos a partir da propriedade das proporções). Realmente se diz que a conclusão a partir das propriedades não é conhecimento adequado. Ora, no *Tratado*, conhecimento adequado significa conhecimento pela essência. De modo que, quando ESPINOSA diz que os próprios matemáticos podem chegar ao conhecimento adequado sem fazer operações, isso talvez signifique, simplesmente, sem fazer operações que *consistem em partir das propriedades*.

O nó da questão está exatamente aqui. Apesar das diferenças que existem entre o *Tratado* e a *Ética* sobre esse assunto, há uma coisa em que concordam totalmente, a saber, na afirmação de que o terceiro modo de percepção (segundo gênero da *Ética*) diz respeito às *propriedades* das coisas; e que o quarto modo de percepção (terceiro gênero da *Ética*) diz respeito às *essências*. Para mostrar que nisto se ajustam as duas versões da doutrina, lembremos que já no *Tratado* a causa próxima (que implica em operações do espírito) é a essência das coisas criadas[12].

Um certo embaraço na apresentação do terceiro modo de percepção decorre, segundo nos parece, do fato de o filósofo não ter discriminado claramente entre as propriedades que vêm da generalização de dados sensíveis e da imaginação e as propriedades que

---

[12] *T.R.I.*, nº 92.

são racionais. Os exemplos mostram que no *Tratado* o terceiro modo compreende tanto umas como outras dessas propriedades. Assim, é exemplo de conhecimento do terceiro modo a afirmação de que o Sol é maior do que parece, fundada na propriedade geral da visão – que os objetos vistos a distância parecem menores. Trata-se evidentemente de um conhecimento sensível. Mas apresenta-se também como exemplo de conhecimento do terceiro modo a determinação do quarto número proporcional pela propriedade, esta não mais de origem sensível, mas racional, de serem os produtos dos meios iguais aos dos extremos. ESPINOSA diz a propósito que, ainda que este modo nos permita concluir *sem perigo de erro*, ele *não é adequado*, não nos dá a essência das coisas. Vê-se que no *Tratado* o adequado parece ser atribuível somente ao conhecimento pelas essências.

Na *Ética* (l. II, prop. XL, escólios), encontra-se, ao contrário, uma discriminação bem clara entre as noções gerais que nos vêm dos sentidos e da imaginação e que ESPINOSA inclui no primeiro gênero de conhecimento (correspondente ao primeiro e segundo modos do *Tratado*) e as "noções comuns", princípios de nosso *raciocínio*, que são os conhecimentos do segundo gênero (terceiro modo do *Tratado*). Estes são conhecimentos adequados, ainda que não nos deem a essência das coisas[13]. Na *Ética*, pois, o adequado não é só o que nos dá a essência. Há o adequado das "noções comuns", propriedades que são princípios da razão. Assim, cremos que dos exemplos dados por ESPINOSA, no *Tratado*, de conhecimentos do terceiro modo, os que dizem respeito ao tamanho do Sol e à união da alma e do corpo, a *Ética* não os admitiria. Só aceitaria o que se funda na propriedade das proporções.

Se essa série de considerações é correta, então podemos concluir que a dedução se encontra não só no terceiro gênero (quarto modo do *Tratado*), como procuramos demonstrar, mas também no primeiro (primeiro e segundo modos do *Tratado*).

É o que claramente se confirma pela prop. XXXVI do livro II da *Ética*: "As ideias inadequadas e confusas derivam umas das outras

---

[13] *Ética*, l. II, props. XXXVII e XXXIX.

com a mesma necessidade que as ideias adequadas, isto é, claras e distintas". Pode haver, pois, dedução que tira conclusões de ideias que nos vêm dos sentidos, assim como das propriedades determinadas racionalmente e, finalmente, a dedução que se faz da essência das coisas a partir da essência do Ser Perfeito. Esta é a grande dedução da *Ética*, que nos instala na ordem universal das ideias.

Há um outro modo, a que já aludimos, de entrar nessa ordem: aquele em que, partindo da ideia verdadeira de uma coisa, buscamos a causa próxima dessa ideia e a causa próxima desta causa próxima e assim, em um movimento regressivo, até chegarmos a Deus. Isto é, todas as ideias verdadeiras nos levam à ideia de Deus ou se concluem da ideia de Deus. Este é o terceiro gênero de conhecimento (quarto modo do *Tratado*).

Em suma, os modos de percepção ou gêneros de conhecimento não se caracterizam pelos processos mentais que usam, mas pela maior ou menor realidade dos objetos, isto é, das ideias a que se aplica nossa mente.

A escolha do melhor modo de percepção

É interessante notar que, depois de ter apresentado as características dos diversos modos de percepção de maneira que parece tornar evidente qual o melhor, ESPINOSA acrescenta[14] que, para escolher o melhor, "é preciso enumerar brevemente os meios necessários para atingir nosso fim". Isso pode parecer até estranho quando verificamos que os meios são: "conhecer exatamente nossa natureza (...) conhecer a natureza das coisas tanto quanto for necessário... confrontar isto [o resultado desse esforço de conhecimento com a natureza e a força do homem". Estranho, porque, para conhecer tudo isso, decerto já deveríamos saber qual o melhor modo de percepção. Ou, se podemos conhecer tudo isso antes de ter escolhido o melhor, então é porque a escolha é dispensável. Mas o pensamento do filósofo se torna claro, quando nos lembramos daquilo que é o "nosso fim": é a perfeição, a suprema perfeição do

---

[14] *T.R.I.*, nº 25.

homem, que consiste no conhecimento da união da mente com a Natureza inteira. Não podemos alcançar o nosso fim, a união da mente com a Natureza inteira, sem usar os *meios* que são o conhecimento de nós mesmos e o da Natureza; mas não podemos conhecer-nos a nós mesmos, sem pensar o Todo; com efeito, como ESPINOSA dirá na *Ética*, não podemos conhecer nada que não nos conduza a um conhecimento maior do ato de conhecer. Em suma, para escolher o melhor modo de percepção, é necessário conhecer a natureza do próprio pensamento, cuja ação mais alta é pensar o Todo, isto é, alcançar nosso fim: de modo que pensar os meios, isto é, conhecer-nos a nós mesmos e à Natureza, não é uma condição *prévia*, mas um modo de realizar o conhecimento do Todo, que é o melhor modo de conhecer.

Na verdade, entende ESPINOSA que os diversos modos de conhecimento, considerados em si, correspondem, hierarquicamente, aos diversos modos de ser da natureza humana. Assim, a respeito do primeiro e segundo modos de percepção, como já vimos, ESPINOSA diz que são os que nos dão quase tudo o que é necessário ao "uso da vida", isto é, à nossa sobrevivência no ambiente da natureza. Estamos aqui no plano puramente vital[15]. No terceiro modo de percepção, que diz respeito às propriedades, exerce-se a inteligência num esforço de formar conceitos ou ideias gerais das coisas, que não nos dão a sua essência última, mas as qualidades ou propriedades delas que interessam ao homem. São os princípios da razão pelos quais se explicam as criações humanas do Direito, da Moral, da Religião e certamente das ciências, como já vimos que acontece com a Matemática. E ainda se poderia acrescentar, dentro do espírito do espinosismo, explicam certos apectos da Filosofia, tal como existia anteriormente. Tudo isso é de grande importância, mas ainda não nos dá a união da mente com a Natureza inteira, dá-nos somente a união da mente com outras mentes, dá-nos a sociedade, a humanidade como objeto último do conhecimento humano. No nível da razão que ainda não chegou a ultrapassar o plano dos interesses humanos para integrar-se, por um conhecimento mais alto, no Todo

---

[15] *T.R.I.*, nº 20.

Único, é que se instala aquilo que ESPINOSA chama "um império dentro de um império"[16]. Isolando-se do Todo pela limitação do pensamento ao seu próprio ser, o homem julga-se detentor de uma jurisdição privilegiada, que se exprime pela crença ilusória na liberdade, crença que não é senão a ignorância da necessidade universal. Na verdade, o homem, parte da Natureza, não pode explicar-se por si mesmo[17]. A essência do homem é a de ser um modo da substância divina. Para chegar a essa essência, é, pois, necessário ultrapassar as ideias gerais, as "noções comuns" que podemos encontrar no terceiro modo de percepção, e elevar-nos ao quarto modo, que nos dá as essências.

Devemos acrescentar que, se à altura do terceiro modo, existe esse risco de deter-se o pensamento em seu movimento natural, automático mesmo[18], em direção à Causa Única, por outro lado é de notar que a adequada reflexão sobre a natureza da razão nos levará a ultrapassá-la. Não podemos reproduzir aqui a investigação que fizemos sobre esse assunto em outro trabalho nosso[19]. Devemos contudo recordar alguns pontos de importância.

A razão para ESPINOSA não é nada em si. É apenas um modo do pensamento, atributo da substância divina. É, segundo a definição de modo[20], "uma afecção da substância, algo que existe em outra coisa e *é concebido por meio de outra coisa*". Não pode ser verdadeiramente conhecida a não ser que a compreendamos como tal, isto é, algo cuja essência está fora dela, está em Deus mesmo ou na ordem universal das ideias. Conhecer, pois, a razão é passar da razão para o conhecimento do Todo, isto é, para a melhor maneira de conhecer.

O fato mesmo de a razão pôr-nos apenas diante de propriedades, de noções gerais, como já se viu, faz que, obedecendo ao dinamismo natural de nossa inteligência, sejamos levados a buscar as essên-

---

[16] *Ética*, introdução ao livro III.
[17] *Ética*, l. II, prop. X e corolário.
[18] *T.R.I.*, nº 85; *Ética*, l. I, prop. XXXI, escólio: "Nada podemos conhecer que não nos conduza a um conhecimento maior da ação de conhecer".
[19] Lívio TEIXEIRA, *op. cit.*, pp. 131-2. [2ª ed. cit., pp. 188-9; (N. do E.)]
[20] *Ética*, l. I, def. V.

cias que são a razão de ser dessas propriedades[21], o que significa, ainda uma vez, passar do terceiro para o quarto modo de percepção. "O esforço ou desejo de conhecer as coisas pelo terceiro gênero de conhecimento (quarto modo do *Tratado*) não pode nascer do primeiro gênero, mas pode nascer do segundo (terceiro modo do *Tratado*)", diz ESPINOSA[22].

Em suma, a razão pode fechar-se em si mesma e então estaremos fatalmente presos no mundo das abstrações, dos seres de razão[23]. Pode levar-nos também além dela mesma, à visão da totalidade, da qual ela depende. O drama do conhecimento se prende à possibilidade dessa alternativa, pois que é nela, em regra, que se decide se alcançaremos ou não a mais alta sabedoria. *Em regra*, dizemos, pois é o próprio ESPINOSA quem nos diz que só por um feliz acaso poderá alguém encontrar a ordem verdadeira das coisas, isto é, aquela em que tudo se deduz da ideia verdadeira do Ser Perfeitíssimo. Esse feliz acaso não acontece nunca ou acontece raramente. Eis por que somos obrigados a adquirir por um esforço premeditado aquilo que não nos cabe pelo destino[24]. Esse esforço consistiria justamente, parece-nos, em alcançar, a partir da reflexão sobre a razão, a visão da necessidade do conhecimento total[25]. Assim, da razão passamos à intuição da totalidade; desta desceremos para compreender melhor a própria razão e também a natureza ou essência dos conhecimentos inferiores, a opinião, a imaginação. A *Ética* inclui na dedução de tudo a partir do Todo a dedução dos diversos modos de conhecimento; isto é, conhecer os diversos modos pelo melhor modo[26].

Devemos acrescentar que a doutrina dos modos de percepção, como já mostramos em outro trabalho nosso[27], é um elemento muito importante da própria estrutura da *Ética*.

---

[21] *T.R.I.*, nº 95.
[22] *Ética*, l. V, prop. XXVIII.
[23] *Breve tratado*, p. 112, nº 5 e 7.
[24] *T.R.I.*, nº 44.
[25] Conf. o que dizemos adiante sobre o Método.
[26] *Ética*, l. II, "Da Natureza e Origem da Mente", especialmente da prop. XXXVII em diante.
[27] Lívio TEIXEIRA, *op. cit.*

Sobre o Método

"Sabendo agora qual o conhecimento que nos é necessário, diz ESPINOSA, importa indicar o Caminho e o Método pelos quais conheçamos as coisas que, por essa espécie de conhecimento, há necessidade de conhecer"[28]. É, pois, evidente que o "melhor modo de percepção" não coincide com o Método. A determinação do melhor modo de percepção precede o Método e é mesmo uma condição para compreendermos o que seja o Método. Verificou-se que o melhor modo é aquele que nos dá a *essência* das coisas, livrando-nos do erro de nos contentarmos com suas propriedades. Ao Método, agora, caberá justamente mostrar-nos como ter essas ideias que são essências, ideias verdadeiras que nos dizem o que são as coisas.

Para bem compreendermos, é necessário não esquecer[29] que, em ESPINOSA, estamos presos às nossas ideias, sem possibilidade de sair delas para verificar sua concordância ou discordância com as coisas. A verdade das ideias será a verdade a respeito das coisas, mas não por *virem das coisas*. O problema do conhecimento tem de resolver-se no próprio âmbito das ideias. Posto o problema nesses termos, o filósofo desde logo trata de eliminar um erro que poderia surgir: o de que é necessário um critério da verdade para justificar o método; ou um método para procurar o melhor método. Isso nos lançaria em uma regressão infinita. Dessa maneira nunca chegaríamos ao conhecimento[30]. Para ajudar o leitor a compreender seu pensamento, ESPINOSA, em um texto que é, sem dúvida, dos mais interessantes de toda a sua obra, compara o que sucede na busca do conhecimento com o que se passa com a fabricação de objetos. Claro que aqui inicialmente foi necessário usar como ferramenta coisas em seu estado natural. Como para fabricar um martelo é necessário outro e para este um outro e assim sucessivamente, chegaríamos à conclusão, contra toda evidência, de que, por não poder o homem

---

[28] *T.R.I.*, nº 30.
[29] É fora de dúvida que, ao escrever o *T.R.I.*, ESPINOSA possuía já os lineamentos principais de seu sistema e, entre esses a doutrina da independência e do paralelismo dos atributos. *Ética*, l. II, props. V, VI e VII. *T.R.I.*, nº 71.
[30] *T.R.I.*, nº 30.

dispor do martelo primordial, nunca se fabricou um martelo. Na realidade o que sucedeu foi que os homens começaram com instrumentos naturais, digamos uma pedra à guisa de martelo, e daí partiram para todo o imenso aperfeiçoamento da técnica. Assim também no que respeita ao conhecimento o homem *com sua força nativa* fabrica instrumentos intelectuais com os quais aumenta suas forças para criar obras intelectuais; destas tira novos instrumentos, isto é, o poder de levar avante a busca, e continua assim a progredir até chegar ao ponto mais alto da sabedoria[31]. Não temos, pois, que indagar em que princípios se funda nosso pensamento na busca da verdade. Temos, simplesmente, de partir, de começar de alguma coisa que já possuímos, aquilo que ESPINOSA chama de força nativa (*vis nativa*) de nosso entendimento, ou seus instrumentos inatos (*innata instrumenta*).

Quais são esses instrumentos inatos? Como é possível usá-los sem indagar de sua verdade? A essas perguntas responde ESPINOSA com a afirmação de que temos uma ideia verdadeira[32]. A ilustração de ESPINOSA acima mencionada indica que temos uma ideia verdadeira assim como o primeiro homem tinha um martelo, isto é, uma pedra que serviu de martelo.

Isto se dá justamente com as nossas representações que são *ideias*, isto é, resultado da atividade de nosso pensamento e não percepções sensíveis ou imaginações[33]. Em seguida, devemos notar que o Método é a própria atividade do pensamento, o seu dinamismo essencial, e não consiste em repensar as ideias, postas como objeto de nosso pensamento. Neste caso a ideia se transforma em ideado (*ideatum*) e como tal pode perder seu caráter dinâmico, sua função

---

[31] *T.R.I.*, nº 31.
[32] "(...) habemus enim ideam veram", *T.R.I.*, nº 33, *ab initio*.
[33] *Ética*, l. II, props. XLI e XLII; l. V, prop. XXVIII: "O esforço ou desejo de conhecer as coisas pelo terceiro gênero de conhecimento não pode nascer do primeiro gênero, mas pode nascer do segundo". ESPINOSA diz em outros textos (*Ética*, l. II, props. XXXII e XXXIII) que todas as ideias, consideradas em sua relação com Deus, são verdadeiras. Portanto, há um sentido em que também as ideias sensíveis são verdadeiras. Se o esforço para conhecer pelo terceiro gênero não pode vir senão do segundo gênero, pode-se, entretanto, perguntar se o segundo não deve partir da reflexão sobre o primeiro. Ver escólio da prop. XXIX do l. II: De qualquer modo, é sempre a inteligência que funciona, no conhecimento.

de instrumento do progresso da inteligência. É esse sem dúvida o sentido da distinção que ESPINOSA faz entre ideia e "ideado" (*ideatum*), entre as ideias como essências objetivas e as ideias como essências formais[34]. A verdade das ideias não só não se verifica por algum critério de verdade ou por seu acordo com os objetos de que elas são ideias, mas também nem sequer depende de serem as ideias verificadas verdadeiras pelo fato de serem pensadas de novo, em seu ideado (*ideatum*). O que ESPINOSA condena é aplicar às ideias, tomadas como "essências formais", isto é, objetos (no sentido atual) de nosso próprio pensamento, sinais ou marcas da verdade pelos quais se verifique sua veracidade. "Para saber, não é necessário saber que sei (...) para saber que sei é necessário, primeiramente, saber"[35]. A certeza, portanto, encontra-se na essência objetiva, isto é, no *ato de pensar* e não no *objeto do pensamento*[36] (o ideado, a essência formal) que se submete a uma investigação. "Segue-se, diz ESPINOSA, ...que para a certeza da verdade nenhum outro sinal é necessário: basta ter a ideia verdadeira (...)"[37]. E mais adiante: "(...) o verdadeiro método não é procurar um critério da verdade *após a aquisição das ideias*, mas o verdadeiro método é o caminho pelo qual a própria verdade, ou a essência objetiva das coisas, ou as ideias (todas essas palavras significam a mesma coisa) *são procuradas* na devida ordem"[38].

---

[34] Não esquecer que, no tempo de ESPINOSA, objetivo e formal se distinguiam como pensamento e objeto independente do pensamento. O aspecto formal das ideias é o que ESPINOSA chama de *ideatum*.

[35] *T.R.I.*, nº 34; *Ética*, l. II, prop. XLIII.

[36] *T.R.I.*, nº 71, *in fine*: "(...) o que constitui a forma do pensamento verdadeiro deve ser procurado no próprio pensamento deduzido da natureza da inteligência".

[37] *T.R.I.*, nº 35.

[38] *T.R.I.*, nº 36. Não é talvez impossível pensar que, ao condenar assim a aplicação de sinais ou marcas de verdade a fim de verificar se as ideias são verdadeiras ou não, ESPINOSA se esteja referindo aos caracteres positivos da verdade (evidência, clareza e distinção) ou negativos (necessidade de evitar a precipitação e a prevenção) que se encontram na primeira regra do método de DESCARTES. Conquanto a evidência, a clareza e a distinção, em DESCARTES, não sejam entendidas como *marcas* da verdade, mas antes como expressão da presença da verdade (Conf. GILSON, *Discours de la Méthode*, p. 18, nota) perante a mente que pensa – e nesse sentido equivalem ao que ESPINOSA diz sobre a verdade das essências objetivas – a doutrina cartesiana das ideias inatas no homem e da sua criação por Deus dá uma ênfase grande ao aspecto "formal" das ideias, isto é, à sua existência como objeto do pensamento do homem. Desse ponto de vista, a evidência, a clareza e a distinção poderiam ser consideradas sinais ou marcas da verdade.

Uma coisa, de qualquer modo, é clara: é que ESPINOSA não admite a título de método a necessidade de repensar as ideias a fim de verificar se elas encerram ou não as marcas da verdade. Isso deve ser tomado em consideração para compreender o que ele diz mais adiante, a saber, que o método é o conhecimento reflexivo ou a ideia da ideia[39]. Já agora essa expressão não poderá ser entendida senão em referência ao ato de pensamento pelo qual é criada uma ideia.

Para saber se a ideia de círculo é verdadeira, não cabe verificar se a definição de círculo como uma figura gerada por segmento de reta que gira em torno de uma de suas extremidades tem ou não as marcas da verdade; o que importa é o ato de nossa inteligência pelo qual construímos essa definição de círculo e que põe de imediato a sua verdade: "A certeza não é senão a mesma essência objetiva, isto é, o modo pelo qual sentimos a essência formal."[40]

A diferença que vai de uma coisa para outra, na aparência, insignificante, é de fato grande, uma vez que colocar o método na consideração das essências objetivas significa passar de uma atitude estática da visão das ideias (ponto de vista das essências formais) para a atitude dinâmica de busca da causa das ideias e da relação entre as ideias. Pensar não é contemplar, mas é construir, descobrir definições[41]. É assim que estaremos usando as nossas ideias como "instrumentos intelectuais".

Devemos agora voltar ao texto acima citado em sua parte final: "(...) o verdadeiro método é o caminho pelo qual a própria verdade, ou a essência objetiva das coisas, ou as ideias (todas essas palavras significam a mesma coisa) são procuradas na devida ordem (...)"[42]. É um outro aspecto essencial do Método que aparece – a ordem. A atividade de nosso pensamento consiste não só em criar verdades, mas também em integrá-las em uma certa ordem (*debito ordine*). Uma verdade isolada de outras não constituiria conhecimento, diz ESPINOSA, mesmo que se referisse, por hipótese inverossímil, a

---

[39] *T.R.I.*, nº 38, *ab initio*.
[40] *T.R.I.*, nº 35: "(...) modus quo sentimus essentiam formalem est ipsa certitudo".
[41] *Ética*, l. II, prop. XLIII, escólio: "a ideia não é algo mudo como uma pintura (...) é o ato de conhecer".
[42] *T.R.I.*, nº 36.

alguma coisa isolada na Natureza[43]. Assim como uma proposição qualquer da Geometria não tem valor de racionalidade a não ser que a ponhamos no lugar que lhe compete na ordem das deduções. O Método deverá mostrar-nos, pois, como se pode integrar uma ideia na ordem universal das ideias. No *Tratado da reforma da inteligência* ESPINOSA nos apresenta, por assim dizer, dois caminhos para isso: o que ele chama o "bom método", e o que chama "Método perfeitíssimo"[44]: o *bom método* consiste em mostrar "como a mente deve ser dirigida segundo a norma da ideia verdadeira dada"[45]. Mais adiante[46], fazendo um resumo de sua explicação do Método, ESPINOSA diz de modo mais claro ainda que "o caminho primeiro a que a mente deve ater-se para bem principiar" é o de proceder com leis certas "segundo a norma de *qualquer (cujuscumque)* ideia verdadeira dada". Assim, pois, o filósofo insiste na afirmação de que temos ideias verdadeiras e em que, para buscar o conhecimento, podemos partir de *qualquer* delas. Mas agora acrescenta algo de muito importante, a saber, que, para prosseguir, devemos ater-nos à norma da verdade que se encontra na própria ideia verdadeira. Pelo que já vimos, essa norma não pode ser um critério de verdade, nem qualquer marca ou sinal com que se caracterizem as ideias verdadeiras. A ideia verdadeira é que é, *em si*, uma norma. Em que sentido se pode entender isso? São as considerações anteriormente apresentadas, sobre a necessidade de pôr cada ideia dentro de uma certa ordem, que nos dão a resposta a essa pergunta. Como a ideia verdadeira não é uma imagem, um quadro mental, mas uma construção de nossa mente, ela tem de ser concebida pelo ato de relacionar as ideias entre si. Assim a ideia de círculo como a de uma figura que se forma pelo giro de um segmento de reta em torno de um de seus extremos. A norma de uma ideia verdadeira qualquer é, pois, a maneira como a construímos pela nossa inteligência. Ora, o mesmo dinamismo intelectual que aparece na construção de uma

---

[43] *T.R.I.*, nº 41.
[44] *T.R.I.*, nº 38.
[45] *Ibidem*.
[46] *T.R.I.*, nº 49.

ideia, nos leva, naturalmente, a colocá-la em uma ordem mais ampla, e isso de dois modos:

1º) Tirando as consequências, ou, se se quiser, deduzindo as propriedades da definição que construímos. Nesse sentido, ESPINOSA chega a apresentar esta mesma doutrina em termos de oposição entre ficção falsa e ficção verdadeira: "(...) a mente, quando se aplica à coisa forjada (*ad rem fictam*) e falsa de sua natureza, para refletir sobre ela, compreendê-la e, segundo a boa ordem, dela deduzir o que se deve deduzir, facilmente manifesta a sua falsidade; e, se a ficção é, de sua natureza, verdadeira, quando a mente a ela se aplica para compreendê-la e, na boa ordem, começa a deduzir as coisas que dela se seguem, continuará, com êxito, sem nenhuma interrupção (...)"[47]. Assim, as ideias verdadeiras são as ficções verdadeiras, aquelas cujas consequências não são absurdas.

2º) Em um segundo movimento, este agora regressivo, a inteligência procura as causas racionais – a causa próxima – das ideias que nos serviram para formular a ideia verdadeira inicial. Por exemplo, no caso do círculo, a ideia de segmento de reta e de movimento. Estas também terão de ser definidas pelas suas causas próximas, e assim por diante[48]. Este movimento regressivo é de suma importância, porque nos leva a ampliar cada vez mais o âmbito de nosso conhecimento, uma vez que relacionando e ordenando as ideias segundo a ordem da causalidade racional estaremos ao mesmo tempo conhecendo seus objetos, também na sua própria ordem, isto é,

---

[47] *T.R.I.*, nº 61, conf. nº 72, *in fine*: "É-nos permitido, à vontade, sem nenhum medo de errar, formar ideias simples" (*quare nobis licet ad libitum sine ullo erroris scrupulo ideas simplices formare*); nº 94: "Pelo que o caminho certo da descoberta é formar pensamentos a partir de alguma definição dada" (*Quare recta inveniendi via est ex data aliqua definitione cogitationes formare*).

[48] *Ética*, l. II, prop. VII, escólio, *in fine*: "E se eu disse que Deus é causa de uma ideia, da de um círculo, por exemplo, só na medida em que ele (Deus) é coisa pensante, como é causa do círculo somente na medida em que é coisa extensa, isso é porque não se pode perceber o ser formal da ideia de círculo, a não ser por um outro modo de pensar, que é como que a sua causa próxima; e não se pode pensar este outro, por sua vez, a não ser por meio de um outro, e assim ao infinito; de maneira que, enquanto se consideram as coisas como modos de pensar, devemos explicar a ordem da Natureza inteira, isto é, a conexão das causas, só pelo atributo do pensamento; e enquanto se consideram como modos da extensão, a ordem da Natureza inteira deve também ser explicada só pelo atributo da extensão (...)".

estaremos conhecendo mais amplamente a Natureza. A ordem e a conexão das ideias, dirá ESPINOSA, na *Ética*, é a mesma que a ordem e a conexão das coisas[49]. Ora, acontece que esse movimento regressivo de nossa inteligência nos levará necessariamente a pôr a ideia mais alta, a ideia do Ser Perfeitíssimo, que não tem necessidade de outra ideia para se conceber[50].

Assim, o bom método conduz-nos necessariamente a pôr a ideia do Ser Perfeitíssimo, de onde se partirá para explicar todas as ideias, em uma ordem que é, agora, a ordem universal ou total das ideias. É justamente a isto que ESPINOSA chama o método perfeitíssimo[51].

É esse o método da *Ética*, que parte das definições de *causa sui*, de "substância", de Deus, isto é, da ideia do Ser Perfeitíssimo para dela deduzir todas as coisas.

Em suma, o Método consiste em termos uma ideia verdadeira, isto é, em formularmos pela nossa inteligência uma definição verdadeira, que, por um lado, será o ponto de partida de onde tiraremos consequências verdadeiras e que, por outro lado, terá que ser ligada a outras ideias que sejam a causa racional das ideias que serviram para formulá-la e que, em um movimento regressivo, nos leve até a ideia do Ser Perfeitíssimo.

É necessário notar, entretanto, que, ao resumir, no importante nº 49, o caminho percorrido em sua investigação e aquele que ainda resta fazer, ESPINOSA, em referência à afirmação de que "temos uma ideia verdadeira" e de que "o Método consiste em dirigir a mente segundo a norma de qualquer ideia verdadeira dada", apresenta isso só como uma sorte de introdução ao assunto. Por outras palavras, não basta dizer que temos uma ideia verdadeira para que com isso compreendamos de modo completo o que seja o Método. O plano segundo o qual se desenvolverá o *Tratado* daqui em diante inclui a explicação de certos aspectos importantes do Método, to-

---

[49] *Ética*, l. II, prop. VII.
[50] *Ética*, l. I, de def. III: "Entendo por substância o que existe por si, isto é, aquilo cujo conceito não tem necessidade do conceito de outra coisa, do qual ele deva ser formado".
[51] *T.R.I.*, nº 38: "perfectissima ea erit Methodus, quae ad datae ideae Entis perfectissimi normam ostendit, quomodo mens sit dirigenda".

dos eles, naturalmente, dependentes do que já ficou estabelecido sobre o Método como norma da ideia verdadeira dada.

É necessário, primeiramente, distinguir as ideias verdadeiras das que não o são. Encontra-se aí a explicação do que sejam as ficções, as ideias falsas e as ideias duvidosas. É a doutrina espinosana do erro.

Vem em seguida o dar regras a fim de conhecer segundo tal norma, isto é, segundo a norma das ideias verdadeiras, coisas desconhecidas. Explicando mais adiante o que seja isso (nº 91), ESPINOSA diz que esta Segunda parte do Método encerra duas coisas:

a) Sua finalidade é *ter ideias* claras e distintas, isto é, ideias que não sejam produzidas pelos movimentos fortuitos do corpo, mas que venham "só do pensamento".
b) A necessidade da ordenação e unificação das ideias, para que estas possam, na sua qualidade de ideias, reproduzir a Natureza.

Cabe aqui, pois, estudar primeiramente a doutrina do erro.

A doutrina do erro

Uma vez que o Método consiste em partir de uma ideia verdadeira qualquer, tomando-a como norma da verdade, uma vez que essa ideia verdadeira ESPINOSA diz que nós a temos, surge a necessidade de explicar o que são as ficções, as ideias falsas e também o que é a dúvida. Em suma, explicar a existência e a possibilidade do erro.

Do ponto de vista da sua metafísica, ESPINOSA pode afirmar não só que temos uma ideia verdadeira, mas que qualquer ideia é uma ideia verdadeira. "Todas as ideias, consideradas em sua relação com Deus, são verdadeiras"[52]. Não há nas ideias nada de positivo, em virtude do que possam ser consideradas falsas[53]. Devemos lembrar que estas afirmações dizem respeito não só às ideias propriamente ditas, que são fruto da atividade da inteligência; mesmo as ideias confusas e inadequadas, que vêm dos sentidos e são fruto da imaginação,

---

[52] *Ética*, l. II, prop. XXXII.
[53] *Ética*, l. II, prop. XXXIII.

têm também a sua realidade ou a verdade que lhes cabe na ordem das ideias. Também elas se deduzem da Realidade Primeira, da substância divina. Em um sistema como esse, repetimos, que lugar ou explicação há para o erro?

A importância dessa questão se patenteia no número relativamente muito grande de páginas que o filósofo lhe reservou em seu tratado, mais ou menos uma terça parte dele. Devemos, por outro lado, notar que se ESPINOSA deu tanto desenvolvimento a essa doutrina, não terá sido tanto em razão de ela constituir-se em problema para o seu próprio pensamento, mas antes porque a explicação de seu modo de considerar o erro lhe oferece um ponto de vista ótimo para marcar a diferença entre seu pensamento e o de outros, bem como para mostrar no que consiste a reforma da inteligência.

Vejamos em suas linhas principais o teor de sua argumentação. Em resumo consiste em mostrar que as ideias forjadas ou ficções, assim como as ideias falsas e duvidosas, são impossíveis uma vez que nosso espírito pense a realidade como um todo e se recuse a atribuir substancialidade ao que é parcial.

Comecemos pelo estudo das ficções relativas à *existência*. Por exemplo, eu finjo saber que Pedro, que eu conheço, vai para casa, vem ver-me e outras coisas semelhantes. Que significa isso senão que ponho tais ideias na categoria dos possíveis[54]? A ideia da possibilidade, porém, é para ESPINOSA apenas a expressão de nossa ignorância das causas que operam dentro da realidade universal. A existência das coisas e suas transformações constituem domínio da necessidade. O contingente é só aparência que vem de ignorarmos as causas que necessariamente produzem ou excluem tais ou tais efeitos[55]. Também a liberdade do homem, que se poderia imaginar capaz de romper a ordem da causalidade natural, introduzindo nela uma determinação extra, é apenas uma ilusão que vem de desconhecermos as causas de nossas ações, de que, entretanto, temos consciência[56].

A *possibilidade* de tais coisas e tais acontecimentos provém do fato de aplicarmos a *ideia geral* da existência a objetos que *imagi-*

---

[54] *T.R.I.*, nº 52.
[55] *Ética*, l. II, prop. XXXI, corolário.
[56] *Ética*, l. II, prop. XXXV, escólio.

namos fora da ordem natural das coisas. Só podemos fazer uma ficção sobre a existência de determinado ser, por exemplo, Adão, quando o definimos, abusivamente e confusamente, pela *ideia geral* da existência, dizendo: Adão é um ser. Quando, porém, deixamos esse plano imaginativo e nos pomos a considerar Adão como uma existência particular, esta não poderá escapar à ordem das causas e então já não poderemos fazer qualquer ficção sobre ela: Adão existirá necessariamente ou necessariamente não existirá.

Quanto às ficções que dizem respeito à essência, provêm elas de que tomamos como conhecimentos os dados dos sentidos, as percepções, sem conhecermos a natureza da percepção: "quanto menos a mente entende (*intelliget*) e mais coisas percebe, mais poder tem de fingir, e, quanto mais entende, mais diminui aquele poder"[57].

Se conhecemos a natureza dos corpos, não podemos pensar uma mosca infinita; nem pensar uma alma quadrada, se conhecemos a natureza da alma. Em suma, as ficções referentes à essência são pretensas essências que se constroem não com ideias, mas com representações sensíveis (árvores que falam, homens que se transformam em fontes, o nada que passa a ser alguma coisa e deuses que se transformam em animais ou homens). Para destruir tais ficções, basta a inteligência, a construir a verdade a partir de uma ideia verdadeira, conforme o Método.

Mas aqui ESPINOSA julga necessário responder a uma objeção possível: que, justamente, o limite da ficção não seja a verdade, criada pela inteligência, mas a própria ficção. Ou, por outras palavras, tendo feito uma certa ficção, nosso entendimento poderia ficar como que preso a ela, não podendo tirar dela senão determinadas conclusões e, mais ainda, deixando-se dominar por um sistema coerente de ideias[58]. Por exemplo, tendo posto como verdadeira determinada ideia a respeito da essência da alma, é claro que daí não poderei senão concluir que ela não pode ser quadrada. É possível que ESPINOSA esteja aqui a fazer objeção a alguma deturpação da doutrina

---

[57] *T.R.I.*, nº 58.
[58] *T.R.I.*, nᵒˢ 59 e 60.

cartesiana que põe no excesso da vontade a origem do erro[59]. Ou talvez queira responder aos que pudessem pensar que seu próprio sistema não passaria de uma imensa ficção filosófica construída a partir de uma ficção inicial.

É aqui então que se encontra um texto, já citado atrás, segundo o qual as ideias, quaisquer que sejam, mesmo sendo ficções, se provam verdadeiras ou falsas justamente pelas conclusões a que dão lugar: "A mente quando se aplica à coisa forjada (*ad rem fictam*) e falsa de sua natureza, para refletir sobre ela, compreendê-la e, segundo a boa ordem, dela deduzir o que se deve deduzir, facilmente manifesta a sua falsidade; e, se a ficção é, de sua natureza, verdadeira, quando a mente a ela se aplica para compreendê-la e, na boa ordem, começa a deduzir as coisas que dela se seguem, continuará, com êxito..."[60]. É claro que, para responder à crítica acima mencionada a respeito do caráter falacioso que poderá ter o seu sistema a despeito do rigor com que pretende deduzi-lo, ESPINOSA teria de mostrar que a ideia de Ser Perfeitíssimo, de que parte, é uma ficção verdadeira – uma criação verdadeira de nossa mente – a que nos conduz necessariamente nosso pensamento toda vez que refletimos em profundidade sobre a sua natureza. Aqui encontramos de novo aquela intuição fundamental do filósofo e que se poderia resumir, como para DESCARTES, no "cogito, ergo Deus est".

O estudo das ideias *falsas* confirmará todos esses pontos. As ideias *falsas* se distinguem das ficções pelo fato de não serem acompanhadas, como aquelas, da consciência de que são criações de nossa mente, possibilitando isso o assentimento que aquela consciência pode eliminar das ficções. Resulta que, aparentemente, nosso espí-

---

[59] *T.R.I.*, nº 59: "(...) depois que forjei determinada ideia sobre a natureza do corpo e que a mim mesmo, por minha vontade, quis persuadir-me de que ela realmente existe desse modo (...)".

[60] *T.R.I.*, nº 61. Nesse texto ESPINOSA admite a existência de ficções verdadeiras, assim como de ficções falsas. Há, porém, textos em que fala das ficções como se fossem sempre falsas. É que, nesses, ele se reporta ao uso comum da palavra ficção (*T.R.I.*, nº 63): "(...) a ficção não pode ser clara e distinta" etc.; nº 65: "Concluamos ainda uma vez, brevemente, e vejamos que de nenhum modo se deve temer que a ficção se confunda com as ideias verdadeiras...", ao passo que, no texto que estudamos, *ficção* significa uma criação de nosso espírito que pode revelar-se verdadeira ou falsa, pelas coisas que dela se deduzem.

rito se encontra desarmado para verificar a sua falsidade. Na realidade, isso não ocorrerá uma vez que tenhamos em mente a "norma da ideia verdadeira" e que conheçamos as "propriedades do nosso entendimento". Das ideias falsas relativas à *existência*, ESPINOSA fala apenas para dizer que os erros relativos a elas se corrigem do mesmo modo que os que dizem respeito às ficções. É impossível, assim, que nos enganemos a respeito das coisas cuja essência implica uma existência necessária: por exemplo, a respeito de Deus. Se se trata de coisas cuja existência, ao contrário, depende de causas exteriores a elas, então o erro se encontrará no fato de se afirmar ou negar a existência de determinada coisa sem se conhecerem as causas que tornam necessária essa existência, ou impossível a existência da referida coisa. Se afirmo, por exemplo, a existência de Pedro, sem conhecer as causas que tornam necessária essa existência, estarei em erro, mesmo que Pedro exista. É evidente, pois, que o erro a respeito da existência das coisas (cuja essência não implica existência) provém unicamente do fato de atribuir existência – ou inexistência – a um objeto de minha imaginação, não tomando em consideração a sequência das causas que na Natureza tornam necessária ou impossível a existência de determinada coisa. Se nos pomos, porém, dentro da ordem universal das coisas, tais erros serão impossíveis[61].

Passando para as ideias falsas relativas à essência das coisas, elas provêm, diz ESPINOSA, invariavelmente de que são compostas de percepções confusas de coisas existentes na Natureza. Que os homens creiam que nas florestas, nas imagens, nos animais existem divindades; que há corpos de cuja simples combinação pode nascer a inteligência; que os cadáveres raciocinam, andam, falam; que Deus se engana, tais são os exemplos que encontramos no texto[62]. O erro dessas ideias provém de que são combinações de sensações, de imagens, entre as quais a inteligência não poderá perceber nenhum elo racional. Para que bem compreendamos o que são as ideias falsas e como podemos livrar-nos delas, é necessário ter em mente o seguinte:

---

[61] *T.R.I.*, nº 67.
[62] *T.R.I.*, nº 68.

1) Que as ideias concebidas com clareza e distinção nunca podem ser falsas, porque ou são ideias simples, ou deduzidas de ideias simples. Se são simples, não admitem, por natureza, *combinações* confusas, ininteligíveis. Se são ideias compostas de ideias simples, mas deduzidas com clareza e distinção, isto é, de modo que a mente veja o nexo racional que entre elas existe, serão verdadeiras por isso mesmo.

2) Importa lembrar que para ESPINOSA a verdade se encontra na própria ideia. Devem excluir-se, pois, as seguintes concepções: *a*) que a verdade se encontra no acordo da ideia com qualquer objeto exterior. Se um artífice concebeu uma coisa bem ordenada, ainda que esta obra nunca tenha existido, nem jamais venha a existir, o pensamento não deixa por isso de ser verdadeiro[63]; *b*) que a verdade se conhece pelas causas primeiras, porque também é pensamento verdadeiro aquele que envolve a essência de um princípio que não tem causa e é conhecido em si mesmo e por si mesmo[64]. Quer dizer que o critério das causas primeiras excluiria do âmbito das ideias verdadeiras a ideia do Ser Perfeito, que não admite uma causa primeira.

3) Não dependendo assim a ideia verdadeira, nem de sua relação com um objeto exterior, nem do conhecimento das causas primeiras, é necessário concluir que a forma da ideia verdadeira deve estar contida na própria ideia verdadeira e deve depender da força e natureza da inteligência[65]. ESPINOSA explica o seu pensamento analisando uma ideia verdadeira da qual saibamos com a mais alta certeza que seu objeto depende de nossa maneira de pensar e não existe *na Natureza*. A ideia escolhida é a definição de esfera pela rotação de um semicírculo em torno do diâmetro. Bem que na Natureza nunca tenha existido uma esfera assim engendrada, esta é uma ideia verdadeira. É esta uma *combinação* de ideias também, mas que difere, como a verdade do erro, das combinações de ideias acima mencionadas, que são confusas (os ***deuses das florestas***, os ***cadáveres que andam***), porque as ideias de semicírculo e movimento se integram

---

[63] *T.R.I.*, nº 69.
[64] *T.R.I.*, nº 70.
[65] *T.R.I.*, nº 71.

racionalmente no conceito de esfera. Aqui se explicitam a força e a natureza da mente na criação de um conceito racional pelo qual, de duas ideias que não têm nada de comum entre si, se faz uma ideia única em que ambas se ligam inteligivelmente. Se afirmássemos o movimento de um cadáver, estaríamos na falsidade; mas, afirmando-o de um semicírculo para formar a esfera, estamos na verdade, porque, criada assim a ideia de esfera, o seu *conceito* inclui o movimento de um modo inteligível. "A falsidade, pois, só nisto consiste – que de uma coisa se afirme algo que não está contido no conceito que dela formamos..."[66].

4) O importante, pois, no que se diz respeito às ideias, é isto: que as nossas afirmações não ultrapassem os limites do conceito. Aqui, usando uma linguagem que parece um tanto imprecisa, ESPINOSA identifica as ideias simples com as ideias verdadeiras. Na verdade, "simples", para ESPINOSA, não pode significar "sem elementos" ou sem composição. As ideias de um semicírculo ou de movimento, que cita como simples, dependem de outras. Aliás é o próprio ESPINOSA que nos diz que, uma vez que saibamos o que é uma ideia verdadeira, podemos *formá-las* sem temor de errar[67]. Ora, não se pode *formar* uma ideia senão com outras (como é o caso da ideia de esfera que se forma das ideias de semicírculo e de movimento). E quando fala de uma afirmação que não ultrapasse o conceito de uma ideia é bem de ver que ESPINOSA tem em mente uma *análise* do conceito. Em suma, a ideia simples aqui parece ser a da relação inteligível que a mente estabelece entre duas ideias[68]. Além de tudo isso, é o próprio ESPINOSA que nos diz que a ideia verdadeira é a ideia simples ou composta de ideias simples[69]. O problema, pois, é o de saber por que processo o espírito pode formar essas ideias e até que ponto se estende o seu poder[70]. É de que ESPINOSA vai tratar

---

[66] *T.R.I.*, nº 72.
[67] *T.R.I.*, nº 72.
[68] Conf. L. BRUNSCHVICG, *Spinoza et ses contemporains*, Paris, Presses Universitaires de France, p. 15.
[69] *T.R.I.*, nº 85.
[70] *T.R.I.*, nº 73.

na II Parte do Método[71]. Mas, antes de chegar a isso e para determinar o caráter das ideias falsas, ESPINOSA se reporta a seu conceito de abstração. Na verdade, diz ESPINOSA, "quando de alguma coisa afirmamos algo que não está contido no conceito que da mesma formamos, isso indica um defeito de nossa percepção, ou que temos pensamentos ou ideias como que mutilados ou truncados"[72]. Os nossos erros vêm, pois, exclusivamente de que nos pomos a formar combinações de ideias ou de imagens soltas em nossa mente, separadas daquele conjunto que constitui a ordem e a conexão de ideias que, por ser tal, exprime a realidade; isto é, de que nos pomos a jogar com as abstrações, como se fossem realidades. Se, evitando esse processo errôneo, procurarmos de cada ideia a sua ligação racional ou lógica, estamos integrando essa ideia na ordem universal das ideias verdadeiras. Em suma, não haverá ideia errada ou falsa quando, por mais mesquinha ou pouco significativa que seja, soubermos ligá-la ao todo que a explica. Para retomar o exemplo de ESPINOSA, a ideia de movimento é racional e verdadeira quando nos reportamos à causa de (determinado) movimento, ou quando integramos o conceito de movimento no de esfera; será errada quando a ligamos à imagem de um cadáver, atribuindo a este capacidade de mover-se, sem que possamos conceber como pode mover-se um cadáver. A ideia ou imagem do Sol vista por um camponês é verdadeira na medida em que compreendemos o que é a imagem sensível em nossa mente; será falsa se lhe atribuirmos o valor de uma realidade inteligível. Os erros mais frequentes e maiores neste terreno, continua ESPINOSA, são aqueles que provêm de uma sorte de mistura entre elementos ideais puramente imaginativos ou de origem sensível com elementos intelectuais ou pretensamente intelectuais, como aconteceu, por exemplo, com os estoicos, que, de noções puramente imaginativas e confusas de alma e imortalidade, combinadas com certo *axioma* intelectual aceito por eles – o de que os corpos mais sutis penetram todos os outros e não são penetrados por nenhum – chegaram à conclusão de que estes corpos

---

[71] *T.R.I.*, nº 91.
[72] *T.R.I.*, nº 73.

mais sutis constituem a alma, concepção esta da qual ESPINOSA diz[73]: "(...) tal engano deriva disto – que concebem as coisas de modo demasiado abstrato; porque é claro por si mesmo que aquilo que concebo no seu verdadeiro objeto, isso não posso aplicar a outro". Isto quer dizer: podem atribuir caráter espiritual aos corpos aqueles que não sabem o que é o corpo nem sabem o que é o espírito, isto é, não sabem *que lugar ocupam* no Todo Uno as realidades parciais representadas pelas palavras corpo e espírito; mais do que isso, consideram tais realidades parciais como coisas em si, que se explicam por si, abstraindo-as ou separando-as da realidade total de que dependem, de modo que a aproximação ou combinação de duas ideias introduz desordem e confusão na mente. "Deriva esse erro, finalmente, disto também – que não entendem os primeiros elementos de toda a Natureza; e por isso, procedendo sem ordem e confundindo a Natureza com abstrações, ainda que estas sejam axiomas verdadeiros, confundem-se a si mesmos e pervertem a ordem da Natureza"[74].

Quanto às ideias duvidosas, ESPINOSA as explica do mesmo modo que as ficções e as ideias falsas. Poderemos, pois, dispensar-nos de analisá-las, lembrando apenas que o filósofo se aproveita do ensejo para fazer certas críticas a DESCARTES, a respeito da dúvida metódica, acrescentando que a dúvida real, não a de DESCARTES, a dúvida que é uma experiência psicológica, diz respeito ao encadeamento ou combinação de ideias e resulta da falta de clareza e distinção quanto ao nexo que une duas ideias[75].

Em suma, é necessário como parte do Método "distinguir as percepções verdadeiras das que não o são". Mas verifica-se pelo estudo que acabamos de fazer que para isso não temos mais que aplicar o Método, isto é, partir de uma ideia verdadeira, uma vez que qualquer ideia é verdadeira, do momento em que dela passamos à ideia da ideia. Agora, porém, é tempo de notar que a ideia da ideia nos conduz à ideia do nosso próprio entendimento. Devemos partir da

---

[73] *T.R.I.*, nº 75.
[74] *T.R.I.*, nº 75.
[75] *T.R.I.*, nº 80, *in fine*.

ideia verdadeira, certo. Mas não podemos fazê-lo sem, ao mesmo tempo, entender o que é a "inteligência, suas capacidades e poderes".

Da definição

No nº 91 começa a exposição daquilo que ESPINOSA chama a segunda parte do Método. Seu objetivo é fornecer "regras para perceber, segundo a norma das ideias verdadeiras, coisas ainda não conhecidas" (*ut res incognitas... percipiantur*), segundo a versão que desta segunda parte dá o nº 49; ou "*ter* ideias claras e distintas" (*claras ac distinctas habere ideas*) que derivem do "pensamento e não dos movimentos fortuitos do corpo" (nº 91). Assim, depois de mostrar que o Método consiste em "*entender o que é* uma ideia verdadeira", a fim de saber como se deve dirigir a mente "segundo a norma da ideia verdadeira dada" (nºs 37 e 38) e depois de ter longamente estudado como se distinguem as ideias verdadeiras das ideias fictícias e falsas (nº 50 ss.), ESPINOSA, agora, trata de indagar *como se têm, como se adquirem* ideias verdadeiras, que aumentem o nosso conhecimento até o máximo a que pode chegar a natureza da inteligência humana. É a *recta inveniendi via* de que fala logo adiante (nº 94).

Devemos observar que para ESPINOSA o descobrimento da verdade está estreitamente ligado à possibilidade de ordenação e unificação das ideias. Por isso encontraremos aqui, tratados ao mesmo tempo, não só a segunda, mas também a terceira parte do Método, isto é, aquela que, de acordo com o plano apresentado no nº 49, visa a "estabelecer a ordem" entre as ideias e que no nº 91 aparece como a necessidade de reduzir as ideias, a uma só, e de "concatená-las e ordená-las, de modo que nossa mente, tanto quanto pode ser, reproduza objetivamente o que existe formalmente na Natureza, seja no todo, seja em parte".

O tema da aquisição ou descoberta das ideias verdadeiras se apresenta como um estudo da definição[76].

---

[76] Na carta número IX, a Simão de Vries, se encontram algumas considerações do filósofo sobre a definição. Distingue primeiramente entre a definição "que se aplica a uma coisa da qual somente se busca a essência e uma definição que se põe só para ser exami-

O que interessa o filósofo a esta altura do *Tratado* é a definição do que ele chama coisas reais:
Que são essas coisas reais?
Para responder, temos de considerar primeiramente o que elas *não são*. Segundo o texto (nº 93), essas coisas reais não devem confundir-se com as abstrações. Na inquirição a respeito das coisas nunca devemos concluir a partir das abstrações (*ex abstractis*), diz ele. Em outro trabalho nosso procuramos mostrar o que é para ESPINOSA a abstração[77]. As abstrações a que o filósofo se refere aqui são as que se fazem no plano do terceiro modo de percepção (do *Tratado*), quer dizer, no plano das ideias da razão. Incluem aquilo que ele chama os axiomas universais, isto é, aquela espécie de verdades eternas[78] que não nos dão a conhecer nenhuma coisa singular, nem afecção de coisa singular[79]. No nº 95 se verifica que as defini-

---

nada". A primeira dessas definições deve ser verdadeira, no sentido que se encontra no axioma I do livro I da *Ética* (Idea vera debet cum suo ideato convenire). O exemplo que ESPINOSA dá, contudo, é da *descrição* de um objeto existente – o templo de Salomão. A segunda espécie de definição, ESPINOSA a exemplifica do seguinte modo: se traço em meu espírito o plano de um templo e depois afirmo que a execução desse plano exige o emprego de tais e tais quantidades de tais e tais materiais, essa conclusão não será má, ainda que nunca o templo venha a existir. Aqui não há coincidência entre o pensamento e um objeto, pois que este não existe a não ser como ideia. Não será, pois, uma afirmação verdadeira no sentido acima indicado; mas nem por isso a conclusão deixará de ser *adequada* (*Ética*, l. II, def. IV, carta LX, no início). O filósofo faz ainda distinção, talvez inspirada pelos escolásticos, entre a definição de um *nome* e a definição de uma *coisa*. Quanto à definição de um nome, ESPINOSA exemplifica do seguinte modo: Se digo "Uma substância tem um só atributo", isto é uma proposição e deve ser demonstrada. Se, porém, digo: "A substância é aquilo que se compõe de um atributo único", isso é uma boa definição, contanto que, em seguida, as coisas compostas de vários atributos *sejam designadas por outro nome que não o de substância* (carta IX, p. 143). Trata-se aqui, simplesmente, de impedir as confusões que vêm de se tomar um mesmo termo em mais de um sentido. É este, aliás, um exemplo fortemente ilustrativo, uma vez que o próprio ESPINOSA não aceita esta definição de substância. Diz, pois, que ela é boa só pelo fato de fixar a significação do termo. Será má a definição se, ainda na qualidade de definição de nome, afirmar alguma coisa inconcebível, por exemplo, se, dando à expressão "linha reta" o sentido corrente, afirmasse que duas retas que encerram um espaço são linhas que formam uma figura.

[77] *Op. cit.*, pp. II e III do Prefácio. [2ª ed. cit., pp. 11-3; N. da R. T.]
[78] Sobre as "verdades eternas", conf. nota de ESPINOSA ao nº 54 do *T.R.I.*
[79] *T.R.I.*, nº 93 e carta X: Nesta carta se verifica que há *verdades eternas* que são também *coisas reais*. Mas ESPINOSA quer distinguir as verdades eternas que são *coisas reais* das que não nos dão a conhecer coisa alguma, como por exemplo esta – que nada vem do nada.

ções da matemática, por exemplo as das figuras geométricas, se incluem entre as abstrações. ESPINOSA diz que elas definem apenas *seres de razão*. Mais adiante, no nº 99, o filósofo explica que as coisas reais, ou, como diz agora, as "coisas físicas", os "entes reais", não devem por outro lado ser confundidos com as "coisas singulares sujeitas às mudanças", quer dizer com as coisas do mundo sensível. A respeito do conhecimento destas há um trecho[80] que deve ser considerado um largo parêntese, em que o filósofo alude, ainda que de passagem, ao papel da experiência no conhecimento de tais coisas; aqui estaria, talvez, o lugar em que no *Tratado da reforma da inteligência* se poderiam inserir os fundamentos metodológicos de uma física espinosana. Deixemos, porém, de lado por ora esse assunto e voltemos ao estudo das definições de "coisas reais"[81]. Não sendo nem as abstrações da razão, nem as ideias de coisas do mundo sensível, que coisas serão essas cuja essência ou definição se busca? Dado o conceito espinosano de abstração, acima lembrado, parece claro que se trata, sem dúvida, das ideias das coisas que integram a ordem universal da Natureza, quer por serem deduzidas da ideia do Ser Perfeitíssimo, quer porque a esta sejamos levados pelo movimento regressivo de nossa mente, na busca da causa próxima de qualquer ideia verdadeira[82]. Essas ideias, que ESPINOSA chama de essências particulares afirmativas, são, pois, as definições de coisas reais ou físicas, que devemos buscar. Tais definições devem ser feitas pela essência íntima da coisa e não pelas suas propriedades[83]. Definindo pelas propriedades, estaríamos nas generalidades abstratas da razão, no terceiro modo de percepção, e perverteríamos a concatenação das ideias pela inteligência, uma vez que o conhecimento das propriedades de uma coisa deixa de ser deduzido do conhecimento da essência dessa coisa. Em suma, as definições que aumentam o nosso conhecimento são as que se fazem pelo conhecimento intuitivo ou do quarto modo de percepção, e para saber o que são as

---

[80] *T.R.I.*, nº 100-103.
[81] A matéria referente a este parêntese será tratada adiante, no capítulo intitulado "A Física e o lugar da experiência na Filosofia de Espinosa".
[82] Conf. p. 29 e *Ética*, l. II, prop. VII, escólio.
[83] *T.R.I.*, nº 95.

coisas reais ou físicas a que elas se referem devemos identificar-nos pela nossa inteligência com o Ser Perfeitíssimo. Essências particulares afirmativas são, pois, a própria essência do Ser Perfeito[84], a primeira de todas, e as que derivam dessa essência primeira suas próprias essências[85]. Isso se confirma plenamente pelas regras para a boa definição, que dizem respeito às *coisas criadas*, que devem definir-se pela sua causa próxima, e aos *seres incriados*, que excluem toda causa exterior à própria essência, bem como a questão de saber se existem[86]. Na verdade, essa discriminação entre as definições de coisas criadas e coisas incriadas introduz de imediato[87] o terceiro passo do Método, que é a necessidade de ordenar e unificar as ideias, ou melhor, as essências que definem as coisas. É evidente que a ordem e a unificação só podem ser alcançadas a partir de um ser que seja a causa de todas as coisas e cuja essência seja a causa de todas as ideias. É da ideia do Ser Perfeitíssimo que é necessário deduzir todas as nossas ideias das coisas físicas, dos seres reais, segundo a série das causas, de um ser real a outro, para não cair nas ideias abstratas[88]. Importa notar que ESPINOSA diz ser necessário indagar se existe um tal ser e o que ele é, isso depois de ter afirmado[89] que a definição do ser incriado exclui a questão de sua existência. Assim o filósofo não deixa de tomar em consideração que uma coisa é a necessidade *lógica* que liga a existência a um ser que é *definido* como incriado e outra coisa a *existência* do ser incriado. É por isso que, vencido o longo parêntese a que já nos referimos, em que trata do conhecimento das coisas singulares sujeitas à mudança[90], o filósofo volta ao problema de investigar a coisa que é a primeira de todas[91]. Estamos, aqui, no âmago da doutrina espinosana, no ponto em que

---

[84] Conf. carta 83, em que a definição de Deus é apresentada como definição de uma "coisa real".
[85] Conf. *Ética*, l. II, prop. XL, corolário II, sobre o terceiro gênero de conhecimento.
[86] *T.R.I.*, n°s 95 a 97.
[87] *T.R.I.*, nº 99.
[88] *Ibidem*.
[89] *T.R.I.*, nº 97, carta II.
[90] *T.R.I.*, n°s 100-103.
[91] *T.R.I.*, nº 105.

deve justificar a passagem, crucial no sistema, da sua epistemologia para a sua ontologia, que lhe servirá de fundamento para as definições iniciais da *Ética*, para as proposições em que prova aprioristicamente a existência da Substância[92], de Deus[93] e que, mais adiante[94], lhe permitirá demonstrar que a ordem e conexão das ideias são as mesmas que a ordem e conexão das coisas.

É de notar que, antes de enfrentar o problema, ele lembra, no nº 104, uma regra já anteriormente formulada[95], para verificar se uma ideia ou uma definição é ou não verdadeira. Não se trata, evidentemente, de um critério da verdade, que, como já vimos, ESPINOSA não admite, mas de uma regra que é a expressão mesma do método reflexivo: "Quando a mente considera um pensamento qualquer com o propósito de examiná-lo cuidadosamente e deduzir segundo uma boa ordem as consequências que dele legitimamente se devem deduzir, se esse pensamento for falso, descobrirá sua falsidade; se, pelo contrário, for vedadeiro, então, com felicidade, continuará sem nenhuma interrupção a deduzir dele ideias verdadeiras; isto, digo, é necessário ao nosso assunto (*nostram rem*)". Não podendo, dentro de seu sistema, falar de ideias inatas, ao menos no mesmo sentido em que DESCARTES fala delas, isto é, como ideias verdadeiras criadas por Deus e postas em nossa mente, não resta a ESPINOSA senão apresentar a mente como criadora e formadora das ideias. E sua verdade não lhes virá da veracidade divina, mas do fato de serem elas pontos de partida para dedução de outras ideias verdadeiras, ou serem elas mesmas dedutíveis de outras ideias que também serão verdadeiras. ESPINOSA insiste em que não devemos esquecer isto, ao estudar esse assunto, isto é, a investigação sobre se existe um Ser Perfeitíssimo.

Desse ponto de vista, cremos que será correto afirmar, desde já, que podemos considerar as definições do livro I da *Ética* não como princípios arbitrários ou dogmaticamente postos por um filósofo

---

[92] *Ética*, l. I, prop. VII.
[93] *Ética*, l. I, prop. XI.
[94] *Ética*, l. II, prop. VII.
[95] *T.R.I.*, nº 61, conf. pp. XXIX e XXXIII-XXXIV desta Introdução.

cuja formação ou cuja intuição filosófica fundamental aconteceu ser de inspiração monista, mas como criações da mente humana que se mostrarão válidas pela capacidade de explicar a realidade que tiveram as ideias que delas se deduzem. Trata-se, pois, de um processo analítico, segundo o qual, de certo modo, são as consequências que justificam os princípios ou definições iniciais da *Ética*. Portanto, não seria justa uma crítica dos princípios ou definições iniciais da *Ética* que os isolasse da obra em sua inteireza. As definições, que se encontram no princípio do livro I, de *causa sui*, de substância (II), de Deus (VI), são postas, digamos, a título de hipóteses que se justificarão pelo que delas se possa concluir de verdadeiro.

Isso fica bem patente na definição de substância: "Por substância entendo o que existe por si e se concebe por si". Vê-se que não se trata de concluir da essência a existência, uma vez que a existência até aparece em primeiro lugar. A explicação que se segue mostra que se trata somente da definição *de um conceito*, sem referência à existência da coisa definida: o conceito do que existe por si e se concebe por si não exige o conceito de outra coisa do qual devia ser formado.

Postas as definições, só então, a partir delas, se provará que "pertence à natureza da substância o existir" (prop. VI) e que "Deus existe necessariamente" (prop. XI). A máxima ideia unificadora, que o filósofo procura, se imporá como tal à nossa inteligência na medida em que fique patente sua fecundidade ou capacidade de tudo unificar, isto é, de podermos dela tudo deduzir. Assim a *Ética* não é uma dedução feita a partir de definições arbitrariamente postas, mas é uma dedução a partir de definições que por serem do Ser Absoluto (*causa sui*, ou substância ou Deus) se mostrarão capazes de explicar todas as coisas, tanto as essências como as existências. Não se trata, pois, da derrogação do princípio segundo o qual é a verdade dos princípios que fundamenta a verdade das coisas que deles se deduzem. O que aqui encontramos é a expressão das mais profundas e fundamentais intuições do filósofo, a saber, que *é da natureza de nossa mente* buscar um conhecimento absolutamente unificado – a ideia do ser perfeito ou absoluto que compreende em sua natureza todas as essências e todas as existências – donde se concluirá depois que a ordem e a conexão das ideias é idêntica à ordem e a conexão das coisas. DESCARTES resolve o problema da relação e conformidade entre as ideias pela prova da veracidade de Deus, que garante, de um lado, a verdade das ideias, de outro lado, a verdade da existência das coisas. Para ESPINOSA essa solução é inaceitável, porque se serve da ideia da criação das substâncias segundas, que ele critica como solução de imaginação e não da inteligência. Sua solução é de definir a substância única como constituída por número infinito de atributos, dos quais conhecemos dois – o pensamento e a extensão. Solução esta que seria puramente verbal se não representasse, dentro de um método de inspiração matemática, justamente o esforço supremo da inteligência para a unificação dos dois elementos fundamentais de toda a experiência humana – a experiência do mundo exterior pelos nossos sentidos e a consciência de nossas ideias e de nossos esforços para o conhecimento. É de notar que, se no livro I da *Ética* Deus se define como ser que se constitui de uma infinidade de atributos (def. VI), definição que é um dos princípios mais importantes de toda a dedução que se segue, não é menos verdade que no livro II é a experiência que conta no que diz respeito à determinação dos atributos de que temos conhecimento – a extensão e o pensamento.

Efetivamente, é a título de axioma (nº V) que se encontra essa afirmação no livro II: "Não sentimos nem percebemos outras coisas singulares salvo os corpos e os modos de pensar"[96].

Ora, as proposições I e II do livro II deixam claro que é por conhecermos os modos do pensamento e da extensão que temos de considerar tanto uns como outros como modos de atributos de Deus. É, pois, a experiência que temos de duas categorias de modos que nos leva a afirmar, coagidos pela necessidade da unificação, que o pensamento e a extensão são atributos. Por outro lado, uma vez verificados quais são os atributos que conhecemos, o paralelismo entre eles se põe em virtude da unicidade da substância. É o que diz mais adiante a prop. VII. Há, pois, um sentido em que a dedução espi-

---

[96] Os postulados aos quais este axioma faz referência (postulados que precedem a prop. XIV) são apresentados explicitamente por ESPINOSA como resultantes da experiência. *Ética*, l. II, escólio da prop. XVII.

nosana é um esforço para unificar os dados da nossa experiência, embora não segundo uma indução, mas de modo idêntico àquele segundo o qual a ideia do triângulo é conhecimento dos triângulos. Ele parte da *causa sui*, da substância e de Deus porque nos achamos diante da multiplicidade infinita do mundo das coisas e do mundo de nosso próprio pensamento[97].

Mas voltemos agora ao *Tratado da reforma da inteligência* para mostrar que, embora incompleto, em seus últimos parágrafos ele prepara o leitor para compreender o alcance das definições iniciais da *Ética*.

Após recordar no nº 104 que a verdade, ou falsidade, de uma ideia se verificará pelo que dela se deduz, encontra-se uma afirmação que tem sido objeto de muitas dúvidas e discussões, a ponto de haver quem julgue necessário retificar o texto para que este possa ser compreendido[98]. Atendo-nos ao texto de GEBHARDT[99], que se traduz "por nenhum outro fundamento nossos pensamentos podem ser determinados", parece-nos que essa afirmação simplesmente confirma o que se dissera no contexto imediatamente anterior, isto é, que a verdade do pensamento se justifica pelo próprio pensamento, não havendo necessidade nem possibilidade de confrontá-la com qualquer outra coisa fora do pensamento. Isso significa que para fazer a indagação a respeito "do que é a primeira de todas as coisas" (estamos voltando ao problema de saber se existe e qual é esse ser) não temos outro caminho senão o de procurar *em nosso entendimento* um fundamento, quer dizer um pensamento, que dirija para esse ser os nossos pensamentos.

Esse pensamento, diz ESPINOSA, não pode ser senão o conhecimento de nossa própria inteligência, de sua essência, de suas propriedades. Por outras palavras, só o exame ou o conhecimento da natureza de nossa inteligência nos levará a resolver o problema da existência e da natureza do Ser Perfeitíssimo. Essa conclusão po-

---

[97] Conf. a terceira demonstração, *a posteriori*, da prop. XI do livro I: "Nada existe, ou então existe necessariamente um ser absolutamente infinito" – o ser único e perfeito, causa de todas as coisas.
[98] Conf. Appuhn, vol. I, p. 275, nota.
[99] Nam ex nullo alio fundamento cogitationes nostrae determinari queunt.

deria parecer um contrassenso: pois que estamos fechados dentro de nosso próprio pensamento, devemos recorrer a ele para saber se existe e qual a natureza de um Ser que é diferente de nosso pensamento[100]. Para justificá-la, ESPINOSA terá de mostrar como se pode passar da essência da inteligência e do conhecimento de suas capacidades e propriedades para a essência do Ser Perfeitíssimo, que existe por si mesmo; ou, por outras palavras, terá de mostrar que a essência da inteligência é a ideia do Todo ou de Deus.

Ora, acontece justamente que ESPINOSA vai descobrir dificuldades para definir a inteligência, para explicitar a sua essência.

É que não temos ainda as regras para descobrir as definições e só podemos tê-las quando estivermos de posse da definição da própria inteligência, uma vez que as definições de coisas estão para a inteligência que as define como as propriedades de uma essência para a própria essência (o conhecimento das propriedades decorre do conhecimento da essência). Agora, ESPINOSA diz que a definição do intelecto não é, por si, absolutamente clara[101]. Antes de estudarmos a maneira como o filósofo enfrenta as consequências que isso traz para a sua doutrina do conhecimento, devemos considerar a afirmação em si mesma, em relação a todo o desenvolvimento do *Tratado da reforma da inteligência* até esta altura.

Na verdade, temos visto que o *Tratado* não é senão um esforço da inteligência para compreender a natureza dela mesma[102]. Dado o seu ponto de vista cartesiano, segundo o qual nenhum conhecimento pode vir do mundo exterior, como ao próprio DESCARTES, não lhe resta mais que aprofundar o conhecimento da própria inteligência. É esse o sentido do estudo dos diversos modos de percepção e da escolha do melhor deles; da apresentação do Método como consistindo em entender o que são as ideias verdadeiras, em procurá-las na ordem devida e em distingui-las das ideias que não são verdadeiras; é ainda esse o sentido do estudo da definição, que, como agora estamos vendo, pressupõe o conhecimento da essência da

---

[100] Assinalemos, contudo, desde já, a semelhança desta posição com a de DESCARTES na "Terceira Meditação".
[101] *T.R.I.*, nº 107.
[102] *T.R.I.*, nºs 37, 70, 73, 86.

inteligência. Eis porque aqui ESPINOSA recorda que a parte precípua do Método é entender a fundo a natureza da inteligência[103]. Tudo isso está a indicar (aliás dentro do símile do aperfeiçoamento dos instrumentos de trabalho a partir de um instrumento natural)[104] que esse conhecimento se faz por etapas, num aprofundamento progressivo que vai da simples análise do conteúdo da consciência[105] até a busca da essência da inteligência, à qual ainda não chegamos. É decerto em relação a esse progressivo aprofundamento que ESPINOSA diz que a definição da inteligência não é *por si* absolutamente clara. Há necessidade de alguma outra ideia da qual depende o seu pleno conhecimento. Como encontrar entretanto essa ideia que constitui a própria essência da inteligência, uma vez que, segundo já foi dito, não a temos clara? ESPINOSA apresenta uma solução que parece encerrar uma contradição e um círculo vicioso[106]. Já ficara, anteriormente, bem claro que só podemos conhecer as propriedades de uma coisa se conhecermos a essência da qual derivam essas propriedades[107]. Mas eis que agora ESPINOSA raciocina do seguinte modo: como não conhecemos a essência da inteligência, examinemos as suas propriedades, que conhecemos com clareza e distinção, para daí chegarmos à definição da referida essência. Como pode ESPINOSA falar de propriedades claras e distintas da inteligência, das quais partamos para o conhecimento da essência da própria inteligência, e isso quando no próprio texto ele lembra que para conhecer clara e distintamente as propriedades de uma coisa é necessário conhecer a sua essência[108]? A resposta estaria em nossas considerações anteriores sobre o conhecimento progressivo da natureza de nossa inteligência. Essa reflexão progressiva nos mostra agora a necessidade de chegarmos a conhecer a essência da inteligência como chave de uma epistemologia e de uma ontologia unificadas. Isso não impede que ao longo dessa reflexão tenhamos colhi-

---

[103] *T.R.I.*, nº 106.
[104] *T.R.I.*, nºˢ 30 e 31.
[105] *T.R.I.*, nº 18. Conf. esta Introdução, p. XIV.
[106] DARBON, *Études Spinozistes*, pp. 25-8, 32.
[107] *T.R.I.*, nº 95.
[108] *T.R.I.*, nº 107.

do já o conhecimento de algumas de suas importantes propriedades. Agora, ESPINOSA tem o cuidado de mostrar que o que ele pretende não é definir a inteligência *pelas* propriedades, o que seria absolutamente inaceitável, mas pretende apenas buscar, descobrir uma definição, uma essência que explique certas propriedades já descobertas. Assim como alguém que, tendo verificado que no círculo todas as retas tiradas do centro à periferia são iguais, buscasse a ideia do círculo necessária para explicar isso. Trata-se, mais uma vez, de um processo regressivo ou analítico de pensamento. Como a resposta à questão principal – se existe o Ser Perfeitíssimo – ficou dependendo[109] do conhecimento da nossa inteligência, temos agora de concluir que a busca da essência da inteligência a partir de suas propriedades deverá levar-nos também à certeza a respeito da essência e da existência do Ser Perfeito[110].

A Física e o lugar da experiência na Filosofia de Espinosa

A doutrina espinosana do Ser Perfeito ou da Substância, que, aliás, a esta altura ainda está por completar-se, encerra a necessidade de uma Física, ao lado de uma Ética e de uma Antropologia.

A comprovação completa dos fundamentos postos no livro I da *Ética*, segundo o método que consiste em verificar os princípios pelas suas consequências, deveria ser não só a *Ética*, mas também uma Física.

Na pequena introdução que se encontra no início do livro II da *Ética*, ESPINOSA explica, justamente, por que razão teve de abandonar a dedução total – que incluiria sem dúvida a Física – "das coisas que devem seguir-se necessariamente da essência de Deus ou do ser

---

[109] Conf. pp. XLVII-XLVIII desta Introdução.

[110] A sequência é o estudo das propriedades da inteligência, que fazemos no capítulo que vem depois daquele que agora dedicamos ao lugar da Física na Filosofia de ESPINOSA. O motivo dessa interrupção é que também no texto do *T.R.I.* a parte consagrada à Física e ao lugar da experiência constitui uma sorte de parêntese no corpo da exposição que o filósofo vem fazendo.

eterno e infinito". A razão é que[111] da essência de Deus "devem seguir-se infinitas coisas em uma infinidade de modos". Limitar-se-á, por isso, àquilo que pode conduzir-nos "como pela mão ao conhecimento da mente humana e de sua suprema beatitude". Não é menos certo que, postos de lado, por inacessíveis ao homem, os atributos divinos que não os do pensamento e da extensão, o sistema exigiria, necessariamente, o estudo da natureza.

O fato de o filósofo preferir, evidentemente, a Ética à Física não justificaria o esquecimento desta. Na verdade ESPINOSA não a esqueceu de todo. Ele se refere, ainda, no *Tratado*, ao fato de que o conhecimento de nossa mente é tanto maior quanto mais conhecemos as coisas[112]. Também em diversas de suas cartas se manifesta o seu interesse pelos estudos científicos[113]. Sabemos que ESPINOSA pretendeu sempre, sem nunca o ter conseguido, completar o *Tratado da reforma da inteligência*. Como assinalamos em outro lugar[114], o *Tratado* é suficiente como explicação geral de sua epistemologia e como introdução à *Ética*. Se ele desejou completar seus estudos epistemológicos foi talvez por causa da Física. Parece que era esta a opinião de J. LAGNEAU, que escreveu: "Pourquoi Spinoza n'a pas terminé son *de Emend.*: parce qu'il n'avait pas appliqué, experimenté la méthode experimentale. C'est pour cela qu'il ne la tenait comme il tenait l'autre"[115].

Uma amostra do que poderia ser para ESPINOSA o método a ser empregado na Física nós o temos, sem dúvida, nos axiomas, lemas, postulados e na definição que se encontram após a prop. XIII do livro II da *Ética*, e que constituem o fundamento de uma explicação mecânica do corpo humano, à maneira de DESCARTES, aliás[116]. Mas a simples leitura desses axiomas e postulados mostra que eles não são puramente racionais: não poderiam ter sido concebidos

---

[111] *Ética*, l. I, prop. XVI.
[112] Conf. nos 41 e 42.
[113] Ver cartas VI, XIII, XXXVI, XXXIX, XL, LI.
[114] Conf. p. IX desta Introdução.
[115] *Apud* Ch. Appuhn, *op. cit.*, v. I, pp. 214-5.
[116] Conf. carta LIX de Tschirnhaus onde se verifica que esse compreenderá bem o alcance desses textos para a Física de ESPINOSA. Appuhn, *op. cit.*, tomo III, p. 318.

sem a observação e a experiência[117]. Aqui está, decerto, como sugere LAGNEAU, a grande dificuldade que ESPINOSA encontraria para fundamentar a sua Física: o relacionamento do método racional dedutivo, que era fundamentalmente o seu, com a experiência, que parecia necessária para abordar o conhecimento das "coisas singulares, sujeitas à mudança". Trata-se, justamente, do *lugar* da experiência na metodologia, não do método experimental em si mesmo, que já se aplicava em sua época, aliando a observação dos fatos à expressão matemática de suas leis, e que o próprio filósofo mostrou ser capaz de empregar[118].

Que esse era o problema de ESPINOSA quanto à Física se verifica pelo que se encontra nos n°s 100 a 103. No texto que trata da definição das "coisas físicas, dos seres reais", cujo sentido já estudamos, esta parte se insere como um grande parêntese referente ao conhecimento das coisas mutáveis. Por isso nós a estudamos em separado, para não interromper a ordem daquelas elaborações metodológicas.

Procuremos determinar o sentido desse texto difícil.

Em primeiro lugar importa notar que essas coisas mutáveis, que se opõem justamente às coisas fixas e eternas, são sem dúvida o que ESPINOSA chama, na *Ética*, os modos finitos da extensão, as coisas cuja existência percebemos por meio de nossos sentidos. Agora, cada uma das coisas existentes tem a sua existência e a sua essência em Deus[119]. Os homens, porém, não podem conhecer a ordem causal segundo a qual as coisas existem e se sucedem[120]. Precisaríamos para isso conceber ao mesmo tempo todas as coisas singulares mutáveis, e isso ultrapassa de muito as forças da inteligência humana. Acontece, porém, que a essência das coisas singulares mutáveis nada tem a ver com a sua existência[121]. Nem é necessário que conheça-

---

[117] *Ética*, l. II, prop. XVII, escólio, no princípio.
[118] Cartas VI, XIII, XXXVI, XXXIX, XL, LI.
[119] *Ética*, l. I, prop. XXV.
[120] *T.R.I.*, nº 100: "(...) seja por causa da multidão delas, que supera todo número, seja por causa das infinitas circunstâncias atinentes a uma e mesma coisa, cada uma das quais pode ser a causa de que a coisa exista ou não exista".
[121] *T.R.I.*, nº 101.

mos a ordem de causalidade segundo a qual existem e se sucedem. Esta ordem, aliás, se fosse possível conhecê-la, não nos daria senão "denominações extrínsecas, relações ou, no máximo, circunstâncias, e tudo isso está bem longe da essência íntima das coisas"[122].

Essas considerações estão evidentemente de acordo com uma fundamentação puramente racional da Física. A experiência sensível das existências não pode dar-nos por si mesma nenhum conhecimento da natureza[123]. A essência íntima das coisas "deve ser procurada somente nas coisas fixas e eternas e também nas leis inscritas nessas coisas, como em seus verdadeiros códigos"[124].

Surge aqui um problema relativo à fundamentação racional da Física, que deve ser explicado antes de voltarmos a indagar do lugar ou papel da experiência. A que plano pertencem, na hierarquia dos modos de percepção, essas coisas fixas e eternas, nas quais devem ser procuradas as essências das coisas singulares? A pergunta pode parecer estranha, uma vez que essas coisas fixas e eternas já foram apresentadas como objeto *de definições*, ou *essências singulares afirmativas*, que dizem respeito ao conhecimento intuitivo (do terceiro gênero) das coisas reais, isto é, Deus, os atributos, os modos infinitos e outras essências. Na verdade, há razão para a pergunta, porque, ainda que de maneira perfunctória, que não nos autoriza a firmar sobre ele uma doutrina, o texto dá a entender que as coisas fixas e eternas podem ser consideradas de dois modos, a saber: primeiro, de acordo com o que acima expusemos, como definições, por suas essências, das coisas físicas e reais; em segundo lugar, ao menos uma parte dessas coisas fixas e eternas (ainda é necessário descobrir quais são) funcionariam aqui não como essências pertencentes à ordem universal das essências (do quarto modo de percepção), mas como elementos cognitivos das coisas singulares sujeitas à mudança ainda que não a título de essência. ESPINOSA diz, realmente, que a essência das coisas singulares sujeitas à mudança *se adquire* (*est petenda*) das coisas fixas e eternas e de suas leis. À primeira vista,

---

[122] *Ibidem*.
[123] *Ética*, l. II, props. XXIII, XXIV, XXV, XXIX, corolário e escólio.
[124] *T.R.I.*, nº 101.

pois, não haveria dúvida: as coisas fixas e eternas são as essências das coisas singulares. Entretanto o filósofo continua, dizendo que as coisas singulares, sujeitas à mudança, dependem tão essencialmente, *por assim dizer*, das coisas fixas e eternas que *sem estas elas não poderiam existir nem ser concebidas*. Ora, além desse "por assim dizer" (*ut sic dicam*) que sugere estar o filósofo empregando o advérbio "essencialmente" (*essencialiter*) num sentido que não é rigoroso, a definição espinosana de essência mostra que a expressão "sem estas não podem existir nem ser concebidas" não é suficiente para que se diga que as coisas fixas e eternas são a essência das coisas singulares. De fato, no *Breve tratado*, assim como na *Ética*, afirma-se que para que algo seja considerado como essência não basta que sem esta a coisa não possa existir nem ser concebida: é também necessário que, sem a coisa, não possa existir nem ser concebida a essência[125]. Por outras palavras, só há essências de coisas singulares. As ideias verdadeiras que se aplicam a muitos objetos não são propriamente essências. Ora, estas coisas fixas e eternas são necessárias para que possam existir e ser concebidas as coisas singulares, sujeitas à mudança; mas evidentemente não se dá o contrário. Acontece, pois, que as coisas fixas e eternas funcionam como universais e como gêneros em relação às coisas mutáveis, por causa "de sua presença em toda parte e de sua larguíssima potência". Elas são as "causas próximas de todas as coisas"[126]. Isto significaria (apesar da presença da expressão "causa próxima" que é usada para designar a essência das coisas criadas)[127] que um número indeterminado de coisas singulares sujeitas à mudança pode ser explicado até certo ponto pelas ideias ou definições que fazemos das coisas fixas e eternas, que, entretanto, não se confundiriam com a essência de cada coisa singular sujeita à mudança.

Agora, uma vez que, em relação às coisas singulares sujeitas à mudança, as coisas fixas e eternas funcionam como universais ou como

---

[125] *Breve tratado*, 2ª parte, § 5 do Prefácio; *Ética*, l. II, def. II; prop. X, escólio do corolário, no fim. Deus é necessário para que os corpos particulares possam existir e ser concebidos, mas Deus não constitui a essência deles.
[126] *T.R.I.*, nº 101.
[127] *T.R.I.*, nº 95.

gêneros, então é lícito perguntar se, como tais, elas não se aproximariam daquilo que ESPINOSA chama *noções comuns* ou *ideias adequadas* das propriedades das coisas[128], e que ainda que sejam ideias adequadas não constituem a essência das coisas[129]. Tais noções são ideias da razão, pertencem ao segundo gênero de conhecimento[130].

Nesse caso, pois, teríamos de admitir que as coisas fixas e eternas compreendem não somente a *definição das coisas físicas e reais*, mas também as noções comuns, ou as ideias das propriedades das coisas, o que, aliás, parece que não contraria o pensamento do filósofo no que respeita às *verdades eternas*, que ele diz compreenderem não só definições de coisas reais, mas também afirmações que são verdadeiras ainda que não nos deem a conhecer coisas. Por exemplo "que nada vem do nada"[131].

Agora, voltando ao estudo do lugar da experiência em relação ao método racional ou dedutivo, parece que esse problema consistiria justamente em saber como usar os nossos sentidos e como fazer, segundo leis certas e em uma certa ordem, as experiências suficientes para verificar *segundo que leis das coisas eternas cada coisa acontece*[132].

Um conhecimento correto a respeito da natureza de nossos sentidos seria, pois, a primeira coisa necessária para relacionarmos convenientemente a experiência e as coisas fixas e eternas e suas leis. Encontrar-se-á na obra de ESPINOSA algo que se relacione com o gênero de investigação que ele aqui sugere? Sem querer abalançar-nos agora a um aprofundamento do assunto, poderíamos lembrar o seguinte:

1) A *experiência* vaga pode levar-nos a algumas generalizações, confusas e inadequadas, mas que seriam úteis à conservação da vida, bem como constituiria a explicação da linguagem[133].

---

[128] *Ética*, l. II, prop. XXXVIII.
[129] *Ética*, l. II, prop. XXXXVII.
[130] *Ética*, l. II, prop. XL, corolário II.
[131] Carta X. Sobre a relação entre as definições, os axiomas e as verdades eternas, ver carta IX.
[132] T.R.I., nº 103.
[133] T.R.I., nº 20; *Ética*, l. II, prop. XL, escólio I, sobre os universais fundados na imaginação; escólio II, sobre os sinais da linguagem.

2) As noções de duração, de tempo, de número, assim como tudo que se refere à quantidade concebida como divisível[134], às afecções do nosso corpo pelos outros corpos e as destes entre si são também ideias confusas imaginativas que nos vêm da experiência sensível – para não falar das paixões, que se desenvolvem igualmente no mesmo plano de ideias[135].

Em suma, na *Ética* a experiência sensível só por si se apresenta como algo que exprime a passividade de nossa mente e, como tal, não pode dar-nos nenhum conhecimento propriamente dito, visto que este tem de ser o resultado da atividade de nossa mente[136].

O texto do *Tratado da reforma da inteligência*, que estudamos[137], sugere, contudo, a possibilidade de alcançarmos de algum modo as leis das coisas eternas a partir das coisas do mundo sensível. Essa sugestão encontra importante ressonância no livro II da *Ética*, a partir do escólio da prop. XXIX[138].

Neste escólio ESPINOSA declara que só quando percebemos as coisas segundo a ordem comum da natureza é que essas percepções são confusas e mutiladas; isso porque nesse caso nossa mente é determinada *de fora* pelo encontro fortuito das coisas. Porém, nossas percepções das coisas exteriores podem ser claras e distintas quando a mente as considera *de dentro*, isto é, quando considera a um tempo várias coisas para entender as conformidades, diferenças e oposi-

---

[134] *Ética*, l. I, prop. XII, XIII e principalmente o escólio da prop. XV. A respeito da verdade da experiência sensível, no que respeita à existência de nosso corpo e dos outros corpos ver l. II, escólio da prop. XVII, e corolário da prop. XIII e prop. XIX; sobre o tempo, l. II, prop. XLIV, escólio; l. IV, prop. LXII, escólio.

[135] Conf. todas as props. do l. II, de XIV em diante, até XXIX, principalmente XXIV, XXV, XXVII, XXVIII, XXIX.

[136] *Ética*, l. III, def. II; prop. I e demonstração.

[137] *T.R.I.*, nº 103.

[138] "Digo expressamente que a mente não tem dela mesma, nem de seu próprio corpo, nem dos corpos exteriores, um conhecimento adequado, mas só um conhecimento confuso e mutilado, todas as vezes que percebe as coisas segundo a ordem comum da natureza, isto é, todas as vezes que ela é determinada *de fora* (grifo nosso), pelo encontro fortuito das coisas, a considerar isto ou aquilo e não todas as vezes que ela é determinada *de dentro* (grifo nosso), a saber, em vista de ela considerar ao mesmo tempo várias coisas, é levada a entender as conformidades que existem entre elas, as suas diferenças e as suas oposições; todas as vezes, com efeito, que ela é disposta interiormente deste ou de outro modo, então ela considera as coisas clara e distintamente, como mostrarei.

ções que existem entre elas. Assim a observação ou a experiência dirigida pela inteligência pode levar-nos ao conhecimento.

As proposições XXXVII-XL, logo em seguida, nos mostram que este conhecimento é o das "noções comuns", quer dizer, é o conhecimento adequado, não das essências, mas das *propriedades* das coisas, que é o segundo gênero de conhecimento. Assim, ESPINOSA admite sem dúvida que cheguemos a esse gênero de conhecimento por meio de uma elaboração, feita pela inteligência, dos dados sensíveis, ainda que não pela indução e generalização[139], segundo parece, mas pela formulação, a respeito das coisas, de propriedades de tipo matemático.

Já vimos que o terceiro gênero, o conhecimento intuitivo, consiste em partir de definições criadas pela nossa inteligência, das quais possamos deduzir todas as coisas, justificando-se a verdade das definições iniciais pela sua capacidade de unificar o conhecimento de todas as coisas. Este é o processo dedutivo absoluto que equivale também à união de nossa mente com a Natureza inteira. Mas dentro da dedução total que é a *Ética* encontramos lugar para as percepções sensíveis e agora para as ideias adequadas que se formam não como um substrato passivo ou imaginativo de percepções sensíveis, mas mediante uma *atividade* da mente sobre elas. Assim, só as percepções sensíveis é que se formam independentemente de nossa inteligência[140]; as demais, tanto as do terceiro como as do segundo gênero de conhecimento, são criações de nossa mente, isto é, ideias que são adequadas, claras e distintas.

Como já dissemos, não dispondo ESPINOSA como DESCARTES da noção de ideias inatas, que se insere em uma metafísica plurissubstancialista, não lhe resta outro caminho senão atribuir a essa atividade da inteligência que, aliás, é um modo de ser de Deus, a elaboração do conhecimento. Nessa elaboração só há uma exigência que é absolutamente necessária para um conhecimento das coisas que seja perfeito e unificado: é partir da ideia do Ser Perfeito. Quanto

---

[139] A indução e a generalização do sensível seriam ainda ideias do 1º gênero. *Ética*, l. II, prop. XL, escólio I.
[140] Conf. propriedade nº VI na final do *T.R.I.*

às ideias das propriedades das coisas, nossa inteligência pode determiná-las ou, digamos, inventá-las de várias formas[141]. Parece-nos que é nesse contexto de sua epistemologia e de sua metafísica que se resolveria o problema das relações entre o método dedutivo e a experiência, necessária para o conhecimento das "coisas singulares, sujeitas à mudança".

Nesses termos, o problema do relacionamento da experiência com as exigências do método dedutivo na Física, que se apresenta naturalmente em relação a DESCARTES e a ESPINOSA, parece ter sido compreendido por este mais claramente que por aquele. Ambos esses racionalistas conheciam o valor da experiência; eles mesmos se davam a pesquisas experimentais. Quanto a DESCARTES, porém, não teria chegado a se propor com clareza o problema das inter-relações entre os dois métodos, conquanto tenha feito pesquisas físicas e experimentais que o colocam no mesmo nível dos melhores cientistas de seu tempo. É que mesmo dentro de sua atividade de pesquisador ele julgava estar sendo guiado só pelo método dedutivo[142].

ESPINOSA, ao contrário, parece ter, ao menos, compreendido a existência do problema e até teria chegado a sentir-se tolhido, como já assinalamos, no que diz respeito à Física e ao seu método, pelas dificuldades desse problema[143].

As propriedades e a definição da inteligência

A lista de propriedades que encontramos já no fim do *Tratado* não é algo que só agora se descobre; como já dissemos, ela resulta

---

[141] Conf. propriedade nº VII no final do *Tratado*.
[142] Conf. G. MILHAUD: *Descartes Savant*, p. 197: "Quand il lui arrive (a DESCARTES) sous la poussée de certaines circonstances de se placer d'instinct et d'emblée en dehors de toute *introduction théorétique* plus ou moins ambitieuse, au coeur du travail collectif de son temps – *même s'il croit encore n'être guidé que par sa méthode, et il le croit toujours*, – il donne l'impression d'un expérimentateur parfait" (grifo nosso). Ainda segundo G. MILHAUD, essa mesma impossibilidade, da parte de DESCARTES, de ver no método experimental implicações contrárias à universalidade do método dedutivo, é que levou o filósofo a não pensar nunca uma oposição sua a BACON, que ele aprecia, ainda que mais tarde a História da Filosofia tivesse vindo a considerar patente essa oposição. Conf. o capítulo X da obra citada, "Descartes et Bacon".
[143] Conf. carta LIX, de Tschirnhaus a ESPINOSA, e a resposta deste na carta XL.

do esforço que se vem fazendo, através de toda a obra, para compreender o que é a inteligência[144]. Agora, porém, são apresentadas com o propósito de, a partir delas, buscarmos uma definição da própria inteligência, uma vez que verificamos não poder avançar na busca do conhecimento sem que a definamos corretamente. Só essa definição nos dará um princípio para nele fundamentar nossos pensamentos, e um caminho pelo qual possamos chegar ao conhecimento das coisas eternas[145].

Aprofundamos o conhecimento de nossa mente na medida em que avançamos no conhecimento das coisas[146]. Agora chegamos a isto: das propriedades da inteligência, isto é, de seus modos de conhecer, chegar à definição da própria inteligência, deve-se instituir algum "princípio" comum de que decorram necessariamente essas propriedades[147].

Infelizmente é aqui que para o *Tratado*. ESPINOSA não nos diz o que seja esse *aliquid commune* que seria a definição da inteligência de onde tiraríamos, mas já agora justificadas pela dedução, as propriedades mencionadas. Será possível chegarmos nós a essa definição, usando o processo indicado por ESPINOSA? É uma tentativa a que nos abalançaremos, colocando essas propriedades no contexto geral do *Tratado* e procurando na obra toda do filósofo, especialmente na *Ética*, elementos que possam elucidar o assunto.

A primeira propriedade é esta – que o intelecto ou entendimento "envolve a certeza". Isso significa que a inteligência sabe que "as coisas são formalmente como estão nela contidas objetivamente". Essa explicação daquilo que é a certeza nos põe, de imediato, no próprio centro da epistemologia espinosana. De fato, a certeza de que fala o filósofo não é aquela que *provém* da adequação da ideia ao seu objeto. Trata-se, primeiramente, da certeza que diz respeito aos carac-

---

[144] *T.R.I.*, nº 108: "As propriedades da inteligência que principalmente notei..."
[145] *T.R.I.*, nº 105.
[146] *Ética*, l. I, prop. XXXI, escólio: "Não podemos entender seja o que for, sem que isso nos conduza a um maior conhecimento da ação de entender".
[147] *T.R.I.*, nº 110: "Aliquid commune statuendum est, ex quo hae proprietates necessario sequantur...".

teres intrínsecos da ideia[148]. É a certeza da inteligência que define um círculo pela rotação de um segmento de reta em torno de um de seus extremos; ou uma esfera pela rotação do semicírculo em torno do diâmetro; ou a verdade que diz respeito ao plano de um edifício ou de uma máquina, mesmo que nunca se edifique o primeiro ou se construa a segunda[149]. É uma certeza proveniente da atividade da inteligência, que sabe o que é a ideia verdadeira independentemente de seu acordo com o objeto de que a ideia é ideia. Isso não significa que ESPINOSA não se interesse pelo acordo do pensamento com o que está fora dele. Mas esse acordo se explicará em sua metafísica pelo paralelismo dos atributos da substância, paralelismo, por outro lado, assegurado, dentro da ordem universal das ideias, e das coisas, pela unicidade da substância, da qual tudo provém. Sem que saibamos encontrar-nos dentro da ordem universal, tal coincidência entre a ordem e a conexão das ideias e a ordem e a conexão das coisas[150] não pode conceber-se. Mas é importante assinalar que a essa ordem somos conduzidos pelo uso correto da inteligência, isto é, pela formação de definições corretas, ou de ideias verdadeiras, ou essências objetivas. A certeza intrínseca do pensamento está, pois, ligada à ordem em que as ideias se relacionam umas com as outras pela causalidade racional.

ESPINOSA pensa que a essa ordem é necessariamente levada a inteligência – e aqui chegamos à propriedade nº II – toda vez que reflete sobre a sua própria atividade: não podemos fazê-lo sem verificar que há "ideias que a inteligência forma absolutamente" e há ideias que ela "forma com o auxílio de outras". A capacidade de formar ideias absolutas ou dependentes de outras é a expressão do dinamismo natural da mente, do seu automatismo[151]. A ordem universal exige que todas as ideias provenham de uma só – a ideia do Ser

---

[148] *Ética*, l. II, def. IV: "Entendo por ideia adequada uma ideia que, na medida em que é considerada em si mesma, sem relação com o objeto, tem todas as propriedades ou denominações intrínsecas de uma ideia verdadeira". Conf. também *Ética*, l. I, axioma VI, carta LX, a Tschirnhaus. A doutrina em seu conjunto mostra que "o acordo da ideia com o seu objeto" de que fala esta carta não *provém* de nenhum objeto fora do pensamento.

[149] *T.R.I.*, nº 69; carta IX.

[150] *Ética*, l. II, prop. VII.

[151] *T.R.I.*, nº 85.

Perfeito – que, por ser do Ser Perfeito, tem de ser absoluta, independente de qualquer outra. As ideias que a mente forma de modo absoluto exprimem a infinitude (propriedade nº III). Por exemplo a ideia de quantidade. A ideia de movimento é apresentada como exemplo de ideia que depende de outra. Depende, justamente, da ideia de quantidade. Ora, o movimento[152] é um modo infinito imediato[153]. Aquilo de que ele depende não pode ser senão um atributo da substância: donde se conclui que quantidade é equivalente a extensão. Em virtude de determinarmos um corpo pelo movimento de uma superfície, uma superfície pelo movimento de uma linha e uma linha pelo movimento de um ponto, poderia parecer que o movimento é, de certo modo, anterior à quantidade, pois que a quantidade é determinada pelo movimento. Mas essas ideias do corpo, superfície, linha e ponto, sendo simples determinações da quantidade pelo movimento, não tornam mais clara a ideia de quantidade. Uma coisa é entender o que seja a quantidade; outra é determiná-la. E isto vem depois daquilo. É um exemplo de como se deve preservar a ordem das ideias.

A propriedade nº IV exprime o caráter secundário das ideias negativas em relação às positivas. Só podemos formar ideias negativas depois de formar ideias positivas. É uma maneira de dizer que não devemos definir negativamente.

A propriedade nº V exprime ainda uma vez a diferença entre inteligência e imaginação. A inteligência percebe as coisas independentemente da duração e do tempo, assim como de modo indeterminado ou indefinido quanto ao número. É a imaginação que é adstrita a perceber as coisas na duração e segundo o número[154].

A propriedade nº VI assinala um outro aspecto dessa distinção entre a inteligência e a imaginação. A inteligência forma ideias claras e distintas, que parecem resultar só de sua natureza; ao passo que as ideias da imaginação – ideias confusas, ideias das afecções do nosso corpo, formam-se em nós independentemente de nosso querer.

---

[152] Carta LXIV.
[153] *Ética*, l. II, prop. XXI.
[154] *Ética*, l. II, prop. XLIV, corolário, escólio; l. I, prop. XV, escólio.

A propriedade nº VII mostra que a inteligência, quando se trata de ideias que dependem de outras, pode formá-las ou criá-las de muitos modos. Por exemplo, a elipse pode ser definida como uma secção cônica ou como uma série infinita de pontos que têm a mesma relação com uma reta dada. Finalmente, a propriedade nº VIII apresenta-nos como a ideia mais perfeita aquela cujo objeto é também o mais perfeito. Por conseguinte, a ideia mais perfeita, aquela que exprime a maior realidade, é a ideia do Ser Perfeito, ou digamos a ideia do Todo-Uno. É evidente que as propriedades do intelecto que consistem em formar ideias do absoluto, do infinito e agora do Ser Perfeito nos conduzem ao pórtico da *Ética*, isto é, às definições de *causa sui*, de substância, de atributo, de Deus. Na medida, pois, em que o *Tratado da reforma da inteligência* é uma preparação para a *Ética* ele realiza o seu objetivo, apesar de não estar completo.

Contudo, é necessário lembrar que o estudo das propriedades do intelecto foi feito com o propósito de, a partir delas, buscarmos uma definição da inteligência. Estas duas coisas: a propriedade que consiste em definir o ser perfeito ou infinito e a necessidade de definir o que seja a essência da própria inteligência não são, contudo, coisas que necessariamente se excluam. Ao contrário, elas estão intimamente relacionadas. Já vimos, realmente, que se quisermos tomar como objeto de estudo *a coisa que é a primeira de todas*, é necessário que haja algum princípio que dirija para ele os nossos pensamentos. Ora, esse princípio não pode ser outro senão o conhecimento daquilo que constitui a forma da verdade e o conhecimento da inteligência e de suas propriedades e suas forças[155].

Por outro lado, não tendo ainda uma ideia clara e distinta da essência da inteligência, só podemos procurar alcançá-la a partir de suas propriedades, uma das quais é a de pensar o ser absoluto ou perfeito. Se a reflexão sobre a natureza de nossa inteligência nos leva à ideia do Ser Perfeito, origem primeira e causa racional imanente de todas as essências e de todas as existências, então podemos perguntar se a partir da ideia do Ser Perfeito não encontraremos a

---

[155] *T.R.I.*, nº 105.

essência do próprio entendimento. Este movimento que vai do intelecto para Deus e de Deus volta ao intelecto não é novo na História da Filosofia. É a primeira prova da existência de Deus na Terceira Meditação de DESCARTES.

Em ESPINOSA essa ideia se apresenta, naturalmente, dentro das linhas fundamentais de seu pensamento. Ela consiste em definir a essência da inteligência como a ideia de Deus ou do Todo. Antes, porém, de chegar a isto, que é, por assim dizer, o ponto culminante da *Ética*, aquele que com o pleno conhecimento traz também o supremo Bem, ESPINOSA deduz da ideia do Ser Perfeito outras definições da mente ou do intelecto que representam as etapas de seu desenvolvimento em direção àquele cume do saber e do viver.

É que, de um lado, todas as ideias, mesmo as que são parciais e confusas, como modos que são do pensamento, devem ser deduzidas da ideia do Ser Perfeito, da substância única. De outro lado, excluída a substancialidade da alma, só resta a definição da mente, ou, digamos, da alma, como a *ideia de alguma coisa*. Será, pois, o objeto da ideia que determinará o nível, o grau de perfeição ou de realidade da mente. É por isso que encontramos na *Ética* a mente definida em três planos, que correspondem aos três gêneros de conhecimento. Sem querer aprofundar aqui esse tema importante, que julgamos inscrito na própria estrutura da *Ética*[156], limitamo-nos a comentar rapidamente alguns textos que justificam essa interpretação.

No livro II da *Ética* encontramos a mente – tradicionalmente diríamos a alma – como *ideia do corpo*[157]. É a mente que pensa o corpo e as afecções do corpo pelos outros corpos. É o domínio da percepção sensível e da imaginação, vale dizer, a mente, ou a alma, feita das ideias confusas e inadequadas de primeiro gênero de conhecimento. É também pelo fato de estas ideias confusas e inadequadas se explicarem, em última instância, a partir da ideia de Deus mesmo, que é possível ao filósofo empreender a explicação das paixões do homem à maneira dos geômetras, "como se se tratasse de linhas, superfícies e sólidos"[158].

---

[156] Conf. Lívio TEIXEIRA, *op. cit.*, III parte, cap. II.
[157] *Ética*, l. II, props. XI, XII e XIII.
[158] *Ética*, introdução ao livro III.

Assim como há a mente que *é* a ideia do corpo, há também a mente, e já agora podemos dizer uma inteligência, que é constituída pelas ideias adequadas das propriedades das coisas e que ESPINOSA chama "noções comuns"[159]. ESPINOSA não chega a definir a mente como a ideia adequada das propriedades das coisas, ou como a mente feita das "noções comuns", tão explicitamente como o fizera em relação ao primeiro gênero. Mas não deixa de dizer que a essência da razão, isto é, as ideias adequadas das propriedades das coisas, é a mente na medida em que ela conhece clara e distintamente[160].

Finalmente encontramos na *Ética* a definição da mente como a ideia de Deus: "A mente humana tem um conhecimento adequado da essência eterna e infinita de Deus"[161]. "A essência de nossa mente consiste só no conhecimento cujo princípio e fundamento é Deus"[162]. "Pertence à essência da mente humana ter um conhecimento adequado da essência eterna e infinita de Deus"[163]. "A essência da mente consiste no conhecimento que envolve o conhecimento de Deus e não pode sem ele ser nem concebido..."[164].

Assim, depois de apresentar a mente como a ideia do corpo e em seguida como razão – as ideias adequadas das propriedades das coisas –, vem a *Ética* a afirmar que a mais alta e perfeita essência da mente é pensar o Todo, pensar Deus, o Ser Perfeitíssimo, causa e origem de todas as essências e de todas as existências.

---

[159] *Ética*, l. II, props. XXXVII, XXXVIII e XXXIX e também o escólio da prop. XL.
[160] *Ética*, l. IV, prop. demonstração. No mesmo lugar fala da "mente na medida em que raciocina" – *mens quatenus ratiocinatur...*".
[161] *Ética*, l. II, prop. XLVII.
[162] *Ética*, l. V, prop. XXXVI, escólio.
[163] *Ética*, l. IV, prop. XXXVI, escólio.
[164] *Ética*, l. IV, prop. XXXVII, demonstração.

TRATADO DA REFORMA
DA INTELIGÊNCIA

ADVERTÊNCIA[1] AO LEITOR

Benévolo leitor, este *Tratado da reforma da inteligência*, que te damos inacabado, foi escrito há muitos anos pelo Autor. Sempre teve a intenção de completá-lo, mas, ocupado com outras coisas e finalmente colhido pela morte, não pôde levá-lo ao fim, como desejava. Todavia, como contém muitas coisas excelentes e úteis, que, fora de qualquer dúvida, não são de pouco interesse para o sincero indagador da verdade, não quisemos privar-te delas. Além disso, como aqui e ali ocorrem muitas obscuridades, rudezas e imperfeições, quisemos prevenir-te para que, ciente delas, não tivesses dificuldade de perdoá-las. Adeus.

---

[1] Esta advertência aparece na 1ª edição das obras de ESPINOSA, feita em Amsterdã logo após a sua morte (1677).

TRATADO DA REFORMA DA INTELIGÊNCIA

E do caminho pelo qual ela se dirige, de modo ótimo, ao verdadeiro conhecimento das coisas[2]

[1.] Depois que a experiência me ensinou que tudo o que acontece na vida ordinária é vão e fútil, e vi que tudo que era para mim objeto ou causa de medo não tinha em si nada de bom nem de mau, a não ser na medida em que nos comove o ânimo, decidi, finalmente, indagar se existia algo que fosse um bem verdadeiro, capaz de comunicar-se, e que, rejeitados todos os outros, fosse o único a afetar a alma (*animus*); algo que, uma vez descoberto e adquirido, me desse para sempre o gozo de contínua e suprema felicidade.

[2.] Digo *que me decidi afinal*. Na verdade, parecia imprudência, à primeira vista, deixar o certo pelo incerto. Via claramente os proveitos que se colhem das honras e das riquezas, e que seria coagido a abster-me de buscá-las se quisesse empregar um esforço sério em qualquer coisa nova; se porventura a suprema felicidade nelas se encontrasse, percebia que teria de ficar privado dela; se, por outro lado, ela não se encontrasse nas honras e riquezas e se a estas só desse atenção, do mesmo modo ficaria privado da suma felicidade.

---

[2] O título latino é *Tractatus de Intellectus Emendatione*. A *emendatio* significa não só melhora, mas retificação, ação de restabelecer a verdade. Isso se verifica no subtítulo, que fala de um caminho ou um método para o conhecimento das coisas, pelo qual a inteligência é dirigida não só do melhor modo, mas de modo ótimo ou perfeito (*via qua optime in veram rerum cognitionem dirigitur*). Parece-nos que a melhor forma de traduzir *emendatio* seria *correção*: Tratado da Correção da Inteligência. Mas preferimos conservar a palavra *reforma* usada em traduções para outras línguas latinas (Conf. Carlini: *Trattato su la Riforma dell'Intelligenza*; A. Koyré: *Traité de la Réforme de l'Entendement*; do mesmo modo Charles Appuhn). (N. do T.)

[3.] Dava, pois, tratos ao pensamento, a ver se era possível chegar a esse novo modo de proceder ou, ao menos, a uma certeza a respeito dele, sem mudar, embora, a ordem e a conduta ordinária de minha vida. Tentei isso muitas vezes, sem resultado. As coisas que mais frequentemente ocorrem na vida, estimadas como o supremo bem pelos homens, a julgar pelo que eles praticam, reduzem-se, efetivamente, a estas três, a saber, a riqueza, as honras e o prazer dos sentidos. Com essas três coisas a mente se distrai de tal maneira que muito pouco pode cogitar de qualquer outro bem. [4.] No que diz respeito à volúpia, a ela se entrega nosso ânimo, como a repousar em algo que é bom, e assim fica impedido, ao máximo, de pensar em outra coisa; mas depois da fruição vem uma grande tristeza, que, se não tolhe a mente, todavia a perturba e embota. Também a mente* não pouco se distrai na busca de honras e riquezas, sobretudo quando são procuradas por elas mesmas, porque nesse caso imagina-se que sejam o sumo bem. [5.] Quanto às honras, em verdade a mente se deixa levar por elas, ainda muito mais, pois sempre se imagina que são por si mesmas um bem, algo como um fim último, ao qual tudo se refere. Além do mais, estas, isto é, as riquezas e as honras, não são acompanhadas de arrependimento, como acontece com o prazer sensual, mas, quanto mais possuímos de qualquer das duas, mais cresce o nosso contentamento e, consequentemente, mais e mais somos levados a aumentá-las; também se acaso nos vemos frustrados em nossa esperança, então nos vem uma tristeza extrema. As honras, enfim, são grande empecilho, visto que, para alcançá-las, a vida tem de ser necessariamente dirigida no sentido de agradar os homens, isto é, evitando o que vulgarmente evitam e procurando o que vulgarmente procuram.

[6.] Vendo, pois, que essas coisas todas me impediam de empreender algum novo propósito de vida e, não só isso, até lhe eram contrárias, de modo que era necessário privar-me de uma coisa ou

---

* Poder-se-ia explicar isso mais ampla e distintamente, a saber, distinguindo as riquezas que se buscam por elas mesmas, das que se buscam por amor das honras, ou do prazer, ou da saúde, ou do progresso das ciências e das artes; mas isto fica reservado para outro lugar, pois aqui não se trata de aprofundar este assunto.

das outras, fui obrigado a perguntar-me o que era o mais útil. Naturalmente, como disse, parecia com isso estar disposto a deixar o certo pelo incerto. Mas, depois de demorar um pouquinho mais no assunto, descobri, primeiramente, que, se abandonando aquelas coisas me cingisse ao novo propósito de vida, estaria deixando um bem incerto de sua natureza, como claramente podemos verificar pelo que ficou dito, por um outro incerto também, não todavia de sua natureza (pois que procurava um bem imutável) mas só quanto à possibilidade de alcançá-lo. [7.] No entanto, continuando a refletir, cheguei a perceber que, se pudesse ponderar a fundo, estaria largando males certos por um bem certo. Sentia, assim, encontrar-me em extremo perigo e ter de procurar, com todas as minhas forças, um remédio, ainda que incerto; como um doente, atacado de fatal enfermidade, que antevê morte certa se não encontra um remédio, é constrangido a procurá-lo com todas as suas forças, mesmo que ele seja incerto, pois que nele está sua única esperança. Em verdade, todas essas coisas que o vulgo segue não só não trazem remédio à conservação de nosso ser, como até são nocivas; frequentemente são causa de ruína daqueles que as possuem* e sempre causa de ruína daqueles que por elas são possuídos. [8.] Com efeito, há exemplos numerosos de pessoas que sofreram perseguição e morte por causa de suas riquezas e também das que, para acumular bens, se expuseram a tantos perigos que pagaram com a vida a pena de sua estultícia.

Nem menos numerosos são os exemplos dos que sofreram miseravelmente para conquistar ou conservar honrarias. Inumeráveis, enfim, os exemplos daqueles que apressaram sua própria morte pelo excesso de prazeres sensuais. [9.] Assim, parecia claro que todos esses males provinham disto – que toda felicidade ou infelicidade reside só numa coisa, a saber, na qualidade do objeto ao qual nos prendemos pelo amor. De fato, nunca surgem disputas por coisas que não se amam; nem há qualquer tristeza se elas se perdem; nem inveja, se outros a possuem; nenhum ódio e, para dizer tudo numa palavra, nenhuma perturbação da alma (*animus*). Ao contrário, tudo isso

---

* Isto tem de ser mais cuidadosamente demonstrado.

acontece quando amamos coisas que podem perecer, como são aquelas de que acabamos de falar. [10.] Mas o amor das coisas eternas e infinitas nutre a alma (*animus*) de puro gozo, isento de qualquer tristeza; isso é que é de desejar-se grandemente, e se deve buscar com todas as forças. Não foi, em verdade, sem razão que usei estas palavras: "na medida em que pudesse ponderar profundamente". Porque, embora vendo essas coisas com clareza em meu espírito (*mens*), não podia, contudo, livrar-me da sensualidade, da avareza e do amor da glória[3].

[11.] Uma coisa, entretanto, eu percebia: quando a mente (*mens*) se ocupava com esses pensamentos, então ela se afastava daquelas coisas e seriamente de novo se punha a pensar na instituição de uma vida nova; isso foi-me de grande conforto. Porque via que aqueles males não eram dos que não cedem a nenhum remédio. E ainda que, a princípio, esses intervalos fossem raros e durassem muito pouco tempo, depois, entretanto, à medida que o verdadeiro bem se apresentava cada vez mais claro, eles se tornaram mais frequentes e mais longos. Sobretudo depois que percebi que a busca das riquezas ou o prazer dos sentidos e o amor da glória eram nocivos só na medida em que procurados por si mesmos e não como meios para alcançar outros fins; em verdade, procurados só como meios serão moderados e causarão muito pouco prejuízo; até, pelo contrário, conduzirão ao fim pelo qual são procurados, como em lugar próprio mostrarei.

---

[3] Esta afirmação de ESPINOSA poderia aparentemente sugerir uma ideia da natureza humana semelhante à do ensino cristão, isto é, que o conhecimento teórico do bem é insuficiente para que o pratiquemos. Assim S. Paulo (Aos Romanos, 7) diz: "O bem que quero fazer não faço; e o mal que não quero, esse eu pratico". Na verdade, ESPINOSA encara o fato de que muitas vezes a conduta humana se afasta daquilo que a razão e o bom senso nos mostram. Assim na *Ética* (livro IV, introdução), ele cita, mais de uma vez, OVÍDIO em um pensamento semelhante ao de S. Paulo: "Video meliora proboque deteriora sequor". Contudo, há uma profunda diferença entre a moral espinosana, que é de fato racionalista, no sentido de afirmar que o conhecimento é que pode levar o homem ao bom caminho e que, como dizia SÓCRATES, "ninguém é mau voluntariamente", e a doutrina cristã, para a qual sem a graça divina o homem não pode salvar-se. Contudo, é necessário acrescentar que para ESPINOSA o conhecimento é eficaz só porque amamos o que de fato conhecemos. Sem esse amor o conhecimento seria ineficaz. Conf. *Ética* IV, props. I, VII, XIV. (N. do T.)

[12.] Só em poucas palavras direi aqui o que entendo por bem verdadeiro e, igualmente, o que é o sumo bem. Para que se compreenda isso corretamente, deve-se notar que "bom" e "mau" só se dizem em sentido relativo, visto que, de diversos pontos de vista, uma mesma coisa pode ser dita boa ou má; assim também com o "perfeito" e o "imperfeito". Efetivamente, coisa alguma, considerada só em sua natureza, pode ser dita perfeita ou imperfeita, principalmente depois que se chega a compreender que tudo o que acontece acontece segundo uma ordem eterna e segundo leis imutáveis da Natureza. [13.] Como, porém, o pensamento humano, em sua fraqueza, não chega a alcançar aquela ordem e, entretanto, concebe uma certa natureza humana muito superior à sua, sem que nada pareça obstar a que ele venha a adquiri-la, o homem é levado a procurar os meios que o conduzem a essa perfeição; e assim a tudo o que pode ser meio para alcançá-la se chama "bem verdadeiro"; e o "sumo bem" é gozar, se possível com outros indivíduos, dessa natureza superior. Mostraremos, no lugar próprio, que essa natureza superior é o conhecimento da união da mente com a Natureza inteira*[4].

[14.] Eis, pois, o fim a que tendo: adquirir essa natureza e esforçar-me para que, comigo, muitos outros a adquiram; isto é, faz parte de minha felicidade o esforçar-me para que muitos outros pensem como eu e que seu intelecto e seu desejo coincidam com o meu intelecto e o meu desejo; e, para que isso aconteça**, é necessário compreender a Natureza tanto quanto for preciso para adquirir aquela natureza[5]; e depois formar a sociedade que é desejável para

---

* Estas coisas são explicadas mais amplamente em outro lugar.

[4] Esta afirmação é uma verdadeira chave do pensamento espinosano. Toda a sua doutrina do conhecimento, assim como toda a sua moral, estão essencialmente ligadas a esse pensamento: o supremo bem é compreender a unidade e a totalidade das coisas. (N. do T.)

** Note-se que aqui só trato de enumerar as ciências necessárias ao nosso escopo, sem ocupar-me, aliás, de seu ordenamento.

[5] ESPINOSA usa nesta frase a palavra natureza em dois sentidos: trata-se de conhecer a Natureza, o Todo, ou Deus mesmo, a fim de poder realizar o supremo bem do homem, isto é, a aquisição daquela natureza humana superior que consiste justamente no conhecimento do Todo-Uno e no amor que o acompanha. É de notar ainda que ESPINOSA apresenta aqui o esforço para alcançar o Sumo Bem como algo que não pode ser considerado pura realização individual: esse esforço deve tender à formação de uma comuni-

que o maior número possível chegue fácil e seguramente àquele objetivo. [15.] Em seguida, deve-se dar atenção à Filosofia Moral e também à Doutrina da Educação das crianças; e, como a saúde não é de pequena monta para chegar àquele objetivo, deve-se preparar para isso toda a Medicina. Também a arte torna fáceis muitas coisas que são difíceis e com ela podemos ganhar muito tempo e muita comodidade na vida; por isso, a Mecânica não é de modo algum desprezível[6]. [16.] Mas, antes de mais nada, é necessário pensar no modo de corrigir a inteligência e de purificá-la o mais possível desde o início, a fim de que possa compreender com mais facilidade as coisas, sem erro, perfeitamente. Já se pode ver que desejo dirigir todas as ciências a um só fim, um só escopo, a saber, o de alcançar aquela suma perfeição humana de que falamos e, assim, deve ser rejeitado por inútil tudo aquilo que, nas ciências, não contribua de algum modo para aproximar-nos de nosso fim ou, para dizer tudo em uma palavra, todas as nossas ações assim como todos os nossos pensamentos devem tender a esse fim. [17.] Mas como é necessário viver enquanto nos ocupamos em conseguir que a inteligência seja reconduzida ao bom caminho, por isso, antes de mais nada, devemos estabelecer algumas regras de vida e tê-las como boas, a saber[7]:

I. Falar ao alcance do povo e fazer conforme ele faz tudo aquilo que não traz embaraço a que atinjamos nosso fim. Devemos convir em que podemos lograr não pouca vantagem com o afazer-nos, na medida do possível, ao seu modo de ver; acrescente-se que, com isso, se encontrarão ouvidos prontos para aceitar a verdade.

---

dade de pensamento e de aspirações ou afetos. Como essa realização depende do conhecimento e como nem todos alcançam o mais alto grau de conhecimento, que condiciona a mais alta vida moral, surge a ideia de que, se não é uma moral individualista, a moral de ESPINOSA é talvez uma moral para uma aristocracia de pensamento. Contudo, ele pensa que, em um universo rigorosamente determinado, há lugar para tudo e para todos. Cada um realiza seu ser ou sua perfeição segundo sua própria essência. (N. do T.)

[6] Conf. DESCARTES: "Ainsi toute la philosophie est comme un arbre, dont les racines sont la métaphysique, le tronc est la phisique et les branches qui sortent de ce tronc sont toutes les autres sciences qui se reduisent à trois principales, à savoir la medicine, la mécanique et la morale..." *Principes*, Lettre à celui qui a traduit le livre. P. 428, Ed. Pleiade. (N. do T.)

[7] Conf. as regras da moral provisória de DESCARTES no *Discours* (IIIe Partie) e *Principes*, Ed. Pleiade, p. 427. (N. do T.)

II. Gozar dos prazeres só o quanto é suficiente para a manutenção da saúde.

III. Enfim, querer dinheiro, ou qualquer outra coisa, só na medida em que é suficiente para as necessidades da vida, para a conservação da saúde e para conformar-nos com os costumes da cidade que não se oponham ao nosso objetivo[8].

[18.] Estabelecidas essas regras, ater-me-ei ao que tem de ser feito antes de mais nada, a saber, reformar a inteligência, tornando-a apta a compreender as coisas do modo que é necessário para alcançar nosso fim[9]. Para isso, a ordem que naturalmente temos exige que resuma aqui todos os modos de perceber de que até agora me servi ingenuamente para afirmar ou negar alguma coisa[10], a fim de escolher o melhor e começar a conhecer minhas forças e minha natureza, que desejo levar à perfeição.

[19.] A considerá-los com atenção, esses modos podem, em suma, reduzir-se a quatro:

I. Há uma percepção que temos pelo ouvir ou por algum outro sinal que se designa convencionalmente.

II. Há uma percepção que se adquire da experiência vaga, isto é, de uma experiência que não é determinada pela inteligência e que

---

[8] No que diz respeito aos prazeres e às riquezas, estas regras estão perfeitamente de acordo com o que ESPINOSA dissera antes. Conf. p. 7-8. (N. do T.)

[9] Este é um dos textos que mostram que o *Tratado* se destina a ser uma introdução à filosofia de ESPINOSA, ou, mais exatamente, a mostrar por que a *Ética* começa pela definição de Substância. Essa finalidade o *Tratado* alcança, conquanto se apresente inacabado. (N. do T.)

[10] Alguns tradutores deslocam o adv. "naturaliter" (*exigit ordo quem naturaliter habemus*) transformando-o em adjetivo de ordem e traduzem: "a ordem natural exige" (Conf. Appuhn, *Oeuvres de Spinoza*, vol. I, pp. 230-1; A Carlini, p. 37; A Koyré, p. 14). Parece-nos difícil falar de ordem natural para a reforma do entendimento antes dessa reforma; mais ainda, como falar de modos de percepção que permitam afirmar ou negar *com certeza*, quando é justamente isso que a reforma quer alcançar? O que o filósofo quer dizer, parece-nos, é que, tratando-se de reformar a inteligência, não podemos senão começar por uma sorte de inventário do *que temos naturalmente*, isto é, justamente antes de qualquer esforço de reforma; e que devemos examinar para ver qual o melhor de todos os modos de percepção de que até agora nos servimos para afirmar ou negar *ingenuamente* (*indubie*), não *com certeza*, como em geral se traduz. (N. do T.)

assim é chamada porque um fato ocorre de certo modo e não temos nenhuma outra experiência que a ele se oponha e por isso ela permanece firme.

III. Há uma percepção em que a essência de uma coisa se conclui de outra, mas não adequadamente; o que se dá* quando de algum efeito deduzimos sua causa, ou quando se conclui a partir de algo universal, que vem sempre acompanhado de alguma outra propriedade.

IV. Finalmente há uma percepção em que uma coisa é percebida só pela sua essência ou pelo conhecimento de sua causa próxima.

[20.] Darei exemplos para ilustrar tudo isso. Só pelo ouvir dizer sei o dia do meu nascimento e que tive tais progenitores e outras coisas como essas, das quais nunca duvidei. Por experiência vaga sei que hei de morrer; isso afirmo, efetivamente, porque vi morrerem meus semelhantes, ainda que não tivessem vivido o mesmo número de anos nem tivessem morrido da mesma enfermidade. E depois, por experiência vaga, sei que o óleo é próprio para alimentar a chama e que a água serve para extingui-la; sei também que o cão é um animal que ladra, que o homem é animal racional e assim foi que cheguei a conhecer quase tudo que diz respeito ao uso da vida.

[21.] Eis como de uma coisa concluímos outra: quando percebemos claramente que sentimos um certo corpo e nenhum outro, disso, digo, claramente concluímos que a alma (*anima*) está unida** ao corpo, que essa união é a causa daquela sensação, mas*** daí

---

* Neste caso, nada entendemos da causa senão aquilo que consideramos no efeito, o que se torna evidente pelo fato de ser a causa explicada em termos muito gerais, como por exemplo: "*Portanto, existe alguma coisa*" ou "*portanto, existe alguma força*" etc. Ou também por explicá-la negativamente: "*Portanto, não é isto*" ou "*não é aquilo*" etc. No segundo caso, alguma coisa claramente concebida é atribuída à causa em virtude do efeito, como mostraremos em um exemplo; mas nada além das propriedades, nada que seja verdadeiramente a essência particular da coisa.

** Desse exemplo se vê com clareza aquilo que assinalei antes[11]. De fato, entendemos que aquela união é a própria sensação, a saber, um efeito que exige uma causa; desta, contudo, nada conhecemos.

[11] Ver acima, item III, modo de percepção. (N. do T.)

*** Essa conclusão, ainda que certa, não é, contudo, suficientemente segura, a não ser que se tome o maior cuidado: sem muita atenção, logo se incide em erros. De fato, não podemos entender, de modo absoluto, o que seja essa sensação e essa união. Ou então, depois de conhecer a natureza da vista, e também que esta tem a propriedade de fazer que uma coisa vista a grande distância pareça menor do que se a víssemos de perto, concluímos que o Sol é maior do que parece; e outras coisas como essas.

[22.] Por último, uma coisa é percebida só pela sua essência quando, por isso mesmo que sei uma coisa, sei o que é conhecer qualquer coisa; ou quando, pelo fato de conhecer a essência da alma (*anima*), sei que ela está unida ao corpo. Pelo mesmo conhecimento sei que dois e três são cinco e que duas linhas paralelas a uma terceira são paralelas entre si etc. Contudo, as coisas que até aqui pude entender por meio desse conhecimento foram muito poucas.

[23.] Para que tudo isso fique mais claro, quero valer-me de um exemplo único, a saber: dados três números, procurar um quarto que esteja para o terceiro como o segundo está para o primeiro. Os comerciantes, habitualmente, dizem que sabem o que se deve fazer para descobrir o quarto número, isso porque ainda não esqueceram aquela operação que, pura, sem demonstração, aprenderam de seus professores; outros, da experiência de casos simples, tiram uma regra geral, por exemplo, quando o quarto número se encontra explícito, como nos seguintes 2, 4, 3, 6, vê-se pela experiência que o

---

quando as coisas se concluem assim abstratamente[12] e não pela sua verdadeira essência, a imaginação entra logo a confundir as coisas. Assim, aquilo que em si é uno, os homens imaginam múltiplo. Com efeito, às coisas que são concebidas abstrata, separada e confusamente dão nomes que em seguida são empregados para significar coisas mais familiares; isso faz que estas sejam imaginadas do mesmo modo pelo qual é hábito imaginar aquelas a que inicialmente foram dados esses nomes[13].

[12] Como procuramos mostrar em nosso trabalho *A doutrina dos modos de percepção e o conceito de abstração na filosofia de Espinosa*, a ideia de abstração tem um sentido especial para o filósofo. Como para ele o verdadeiro conhecimento só pode ser aquele que se deduz da ideia do Ser Perfeitíssimo, toda afirmação que não se acha dentro dessa universal dedução é uma abstração, isto é, algo compreendido só parcialmente, em razão de ter sido separado ou abstraído do saber total. (N. do T.)

[13] Será este o modo de ESPINOSA explicar como a linguagem contribui para velar a realidade última das coisas, que é a unicidade do ser. O primeiro momento desse processo linguístico de desarticulação do pensamento é conceber as coisas abstratamente (ver nota anterior). Daí vem a separação de tudo, a consequente confusão, tudo isso acentuado pelo efeito imobilizador dos nomes dados às coisas abstratamente pensadas. (N. do T.)

segundo multiplicado pelo terceiro e dividido pelo primeiro dá o quociente 6. E como veem que se apresenta o próprio número que já antes da operação sabiam ser o proporcional, daí concluem que essa operação é sempre boa para descobrir o quarto número proporcional. [24.] Os matemáticos, porém, por força da demonstração da 19ª Proposição do livro 7º de Euclides, sabem quais números são proporcionais entre si, isto é, sabem-no pela natureza da proporção e por esta propriedade sua, segundo a qual o produto do primeiro número pelo quarto é igual ao produto do segundo pelo terceiro. Entretanto não veem a adequada proporcionalidade dos números dados e, se a veem, não a veem por força daquela Proposição, mas intuitivamente, sem fazer nenhuma operação.

[25.] Agora, para que entre esses se escolha o melhor modo de percepção, é preciso enumerar brevemente os meios necessários para atingir nosso fim[14], a saber:

I. Conhecer exatamente nossa natureza, que desejamos levar à perfeição e, igualmente, conhecer a natureza das coisas tanto quanto for necessário;

II. para que corretamente se possa saber quais as diferenças, as concordâncias e as oposições das coisas;

III. e compreender assim, de modo justo, o que podem e o que não podem admitir (*pati*);

IV. a fim de confrontar isso com a natureza e a força do homem[15]. Dessas condições facilmente surgirá a suma perfeição à qual o homem pode chegar.

[26.] Feitas estas considerações, vejamos qual o modo de perceber que deve ser escolhido por nós. No que diz respeito ao primeiro, é claro que pelo ouvir dizer, coisa que além do mais é bastante incerta, nada podemos perceber da essência da coisa, como se vê pelo nosso exemplo; visto que a existência singular de uma coisa não

---

[14] O nosso fim é o conhecimento da união da mente com a Natureza inteira. Ver p. 9. (N. do T.)

[15] Conquanto discriminadas pela numeração, todas essas frases, até aqui, são partes de um único período gramatical. (N. do T.)

pode ser conhecida a não ser pelo conhecimento de sua essência, como veremos depois, daí claramente concluímos que toda a certeza fundada no ouvir dizer tem de ser excluída da ciência. Com efeito, ninguém poderá nunca deixar-se levar pelo simples ouvir; para isso será necessário, antes, um ato da própria inteligência.

[27.]* No que diz respeito ao segundo modo, também não se pode dizer que se tenha ideia da proporção procurada. Além de ser coisa muito incerta e sem fim, jamais alguém por esse modo percebe das coisas naturais mais que seus acidentes, os quais nunca podem ser entendidos claramente a não ser que se conheçam antes as essências. Por isso também esse deve ser rejeitado.

[28.] Quanto ao terceiro, de certo modo deve-se dizer que por ele podemos ter uma ideia da coisa e também que podemos concluir sem perigo de erro; entretanto, só por si[16], não será um meio para adquirirmos nossa perfeição.

[29.] Só o quarto modo compreende a essência adequada da coisa, sem perigo de erro; por isso será empregado ao máximo. Procuraremos explicar, pois, como deve ser usado para que coisas desconhecidas venham a ser entendidas por nós por esse modo de conhecimento e como isso se pode fazer mais resumidamente. [30.] Sabendo agora qual o conhecimento que nos é necessário, importa indicar o Caminho e o Método pelos quais conheçamos as coisas que, por essa espécie de conhecimento, há necessidade de conhecer. Para isso, deve-se, primeiramente, considerar que não há aqui lugar para uma inquirição infinita; isto é, para descobrir o melhor método de investigar a verdade, não é necessário outro método para investigar o melhor método de investigação da verdade; e para este

---

* Aqui falarei um pouco mais longamente da experiência e examinarei o modo de proceder dos empiristas e dos filósofos recentes.

[16] Essa expressão "só por si", *per se*, é de grande interesse, cremos, para caracterizar a importância relativa do 3º e do 4º modo de percepção. É o método dos matemáticos que justamente só *por si* não leva à perfeição, porque, tomadas abstratamente, separadas da dedução total a partir da ideia do Ser Perfeito, as matemáticas não nos levam a integrar-nos no pensamento do Todo. (N. do T.)

segundo método não é necessário um terceiro e assim ao infinito: por esse modo, na verdade, nunca se chegará a um conhecimento verdadeiro e nem mesmo a qualquer espécie de conhecimento. As coisas se passam neste caso como com os instrumentos materiais; em referência a eles seria possível argumentar do mesmo modo. Assim, para forjar o ferro é necessário um martelo e, para ter um martelo, é necessário fabricá-lo, para o que são necessários outro martelo e outros instrumentos, os quais, por sua vez, para que os possuíssemos, exigiriam ainda outros instrumentos, e assim ao infinito; e desta maneira se poderia, vãmente, querer provar que os homens não têm nenhum poder de forjar o ferro. [31.] Mas do mesmo modo que os homens, de início, conseguiram, ainda que dificultosa e imperfeitamente, fabricar, com instrumentos naturais, certas coisas muito fáceis e, feitas estas, fabricaram outras coisas mais difíceis, já com menos trabalho e maior perfeição, e assim, progressivamente, das obras mais simples aos instrumentos, e dos instrumentos a outras obras e outros instrumentos, chegaram a fabricar com pouco trabalho coisas tão difíceis; assim também a inteligência pela força natural* fabrica para si instrumentos intelectuais[17] com os quais ganha outras forças para outras obras intelectuais** e com estas outros instrumentos ou capacidades de continuar investigando; e assim, progressivamente, avança até atingir o cume da sabedoria. [32.] Que a inteligência assim se avenha consigo mesma, fácil será de ver, uma vez que se entenda o que é o método de investigar a verdade e quais são esses instrumentos inatos de que, unicamente, tem necessidade para fazer outros instrumentos, a fim de prosseguir. E, para mostrar isso, procedo da seguinte maneira:

---

* Por força natural entendo aquilo que em nós não é produzido por causas externas, o que depois explicarei em minha Filosofia.

[17] A força natural do intelecto é aquilo que não é produzido em nós por causas externas, isto é, não nos vem dos sentidos, nem de um criador de verdades eternas (DESCARTES). É a própria atividade do pensamento. Trata-se de forças inatas, não de ideias inatas. O intelecto não é algo de substancial, que se apropria do que existe fora dele, mas é uma atividade que se cria com a própria criação da ciência. Notemos também que as expressões "instrumentos naturais" (*innata instrumenta*) e força natural" (*vis nativa*) confirmam nossa interpretação do primeiro momento da reforma como um momento psicológico. Conf. nota 10. (N. do T.)

** Aqui falo de "obras"; explicar-se-à em minha Filosofia o que são essas obras.

[33.] A ideia* verdadeira (pois que temos uma ideia verdadeira)[18] é algo diferente do seu ideado. De fato, uma coisa é o círculo, outra a ideia do círculo. Pois a ideia do círculo não é algo que tem uma periferia e um centro, como o círculo; nem a ideia do corpo é o próprio corpo: e como a ideia de algo, diverso do seu ideado, será também algo por si mesmo inteligível; isto é, a sua essência formal[19] pode ser objeto de outra essência objetiva e, por sua vez, esta outra essência objetiva, considerada em si mesma, será algo real e inteligível, e assim indefinidamente. [34.] Pedro, por exemplo, é algo real; a verdadeira ideia de Pedro é a essência objetiva de Pedro, em si algo real e inteiramente diverso do mesmo Pedro. Assim, como a ideia de Pedro é algo real, que tem a sua essência peculiar, será também algo inteligível, isto é, objeto de outra ideia, a qual terá em si, objetivamente, tudo aquilo que a ideia de Pedro tem formalmente e, por sua vez, esta ideia que é ideia de Pedro tem, de novo, sua essência, a qual também pode ser objeto de outra ideia, e assim indefinidamente. Qualquer um pode experimentar isso, ao ver que sabe o que é Pedro e também sabe que sabe e, ainda uma vez, sabe que sabe que sabe etc. É, pois, evidente que, para entender a essência de Pedro, não é necessário entender a ideia mesma de Pedro e muito menos a ideia da ideia de Pedro; o que é a mesma coisa que dizer que, para saber, não é necessário saber que sei; e ainda menos é necessário saber o saber que sei; do mesmo modo que para entender a essência do triângulo não é necessário entender a essência do círculo**.

---

* Note-se que aqui não só procuraremos demonstrar o que acabo de dizer, mas que até aqui avançamos ordenadamente; e outras coisas que muito importa conhecer.

[18] Pode parecer estranho que, ao iniciar o estudo do Método, ESPINOSA logo diga que temos uma ideia verdadeira. Para que um método, se já possuímos a ideia verdadeira? E será que a possuímos? Ficará claro mais adiante que o método não é para *buscar* uma ideia verdadeira, mas consiste em "dirigir o espírito segundo a norma da ideia verdadeira *dada*". Conf. nº 38. (N. do T.)

[19] É necessário recordar que, ao tempo de ESPINOSA, as palavras *formal* e *objetivo* conservam ainda o sentido escolástico: *formal* é o que tem uma existência atual, efetiva; *objetivo* é o que existe só a título de ideia. Aqui *essência formal* é a ideia que é objeto de outra ideia. A ideia de uma ideia é a essência objetiva. (N. do T.)

** Note-se que aqui não indagamos como a primeira essência objetiva é inata em nós. Isso diz respeito a uma investigação sobre a Natureza, na qual essas coisas são explicadas mais amplamente, e ao mesmo tempo fica claro que fora da ideia não existe nem afirmação, nem negação, nem vontade alguma.

É o contrário que se verifica nessas ideias, porque para saber que sei é necessário, primeiramente, saber. [35.] Fica, pois, claro que a certeza não é senão a mesma essência objetiva[20], isto é, como sentimos[21] a essência formal é a própria certeza. Mas daí segue-se, mais uma vez, que para a certeza da verdade nenhum outro sinal é necessário: basta ter a ideia verdadeira, pois que, como já mostramos, para saber não é necessário saber que sei. De tudo isso resulta, ainda uma vez, que ninguém pode saber o que é a suma certeza, a não ser que tenha a ideia adequada ou a essência objetiva de alguma coisa, pois que não há dúvida que certeza e essência objetiva são uma mesma coisa.

[36.] Visto, pois, que a verdade não necessita de nenhum critério, mas que é suficiente ter a essência objetiva das coisas ou ideias, o que é o mesmo, para que se tire toda dúvida, daqui se segue que o verdadeiro método não é procurar um critério da verdade após a aquisição das ideias, mas o verdadeiro método é o caminho pelo qual a própria verdade, ou a essência objetiva das coisas, ou as ideias (todas essas palavras significam a mesma coisa) são procuradas na devida ordem*[22]. [37.] Ainda uma vez, o Método deve necessariamente falar de raciocinar e de entender, isto é, o Método não é o próprio raciocinar para entender as causas das coisas e muito menos é o entender as causas das coisas, mas é entender o que seja a ideia verdadeira, distinguindo-a das outras percepções, investigando a natureza dela, a fim de que, por esse meio, conheçamos nosso poder de conhecer e assim obriguemos nossa mente a conhecer, se-

---

[20] Quer dizer, uma ideia qualquer, contanto que seja produto da inteligência e não dos sentidos. ESPINOSA parte do dinamismo da inteligência em que de uma ideia qualquer se vai até a ideia de Deus. (N. do T.)

[21] "Sentimos" aqui não pode deixar de significar pensar, entender. (N. do T.)

* O que significa procurar na alma[23] é explicado em minha Filosofia.

[22] É a primeira vez que aparece a noção fundamental de ordem. O Método é procurar a verdade na devida ordem, isto é, descobrir o lugar de cada ideia na ordem universal das ideias, que é a que se deduz da ideia do Ser Perfeito. É isso que ele mostrará na sua Filosofia. (N. do T.)

[23] ESPINOSA se refere, mais uma vez, a este ponto fundamental de sua Filosofia: que não podemos procurar a verdade a não ser em nossa alma, isto é, no exame de nossas próprias ideias para colocá-las na ordem universal das ideias. (N. do T.)

gundo aquela norma, as coisas que deve conhecer, dando, como auxílio, regras certas, e fazendo também que a mente evite fadigas inúteis. [38.] Donde se conclui que o Método não é outra coisa senão o conhecimento reflexivo ou a ideia da ideia; e como não há ideia da ideia a não ser que primeiro haja a ideia, segue-se que não há Método a não ser que haja primeiramente uma ideia. Será, pois, bom método o que mostra como a mente deve ser dirigida segundo a norma da ideia verdadeira dada[24]. Ora, como a relação que há entre duas ideias é a mesma que a relação entre as essências formais dessas ideias, daí se segue que o conhecimento reflexivo que é a ideia do Ser Perfeitíssimo será superior ao conhecimento reflexivo das outras ideias; isto é, será perfeitíssimo o método[25] que mostra como a mente deve der dirigida segundo a norma da ideia dada do Ser Perfeitíssimo.

[39.] Assim logo se entende como a mente, conhecendo muitas coisas, com isso adquire também os instrumentos com os quais mais facilmente leva adiante o esforço de entender. De fato, como se pode concluir do que já foi dito, antes de tudo[26] deve existir em nós, como um instrumento inato, uma ideia verdadeira que, uma vez entendida, permite entender ao mesmo tempo a diferença que existe entre essa percepção e todas as outras. Nisso consiste uma parte do Método. E como é claro em si mesmo que a mente tanto melhor se entende, quanto mais entende da Natureza, disso resulta que essa parte do Método será tanto mais perfeita, quanto mais coisas a

---

[24] Conf. nota 18: Para que serve um método que já deve partir de uma ideia verdadeira dada? É que o Método não se destina a buscar a ideia verdadeira, mas a dirigir a mente a partir dela. Qualquer ideia é verdadeira do momento em que pelo esforço da inteligência a integremos na ordem universal das ideias. Partir de qualquer ideia é o "bom método". (N. do T.)

[25] O método *mais perfeito*, pois, é o que parte da ideia de Deus, como ESPINOSA faz na *Ética*. O objetivo do *Tratado da reforma da inteligência* é mostrar o porquê disso. E compreender isso é compreender o que é a reforma da inteligência. (N. do T.)

[26] Eis aí: *antes de tudo*, antes do próprio método, deve existir em nós uma ideia verdadeira: a do Ser Perfeitíssimo? Sem dúvida. Mas esta pode ser alcançada por nós também a partir de outras ideias, e mesmo de qualquer ideia. A *Ética* mostrará, realmente, que não há ideia nossa que não seja um modo da ideia do Ser Perfeitíssimo. De qualquer ideia, pois, podemos, por um processo regressivo, chegar à ideia de Deus. (N. do T.)

mente compreende, e será perfeitíssima quando a mente se aplica ao conhecimento do Ser Perfeitíssimo, ou reflete sobre ele. [40.] Mais ainda. Quanto mais coisas a mente conhece, tanto melhor entende sua própria capacidade e também a ordem da Natureza; e, por outro lado, quanto mais entende sua capacidade, tanto mais facilmente pode dirigir-se e estabelecer regras para si mesma; e, quanto mais entende da ordem da Natureza, tanto mais facilmente pode evitar o que é inútil; como dissemos, é nisso que consiste todo o Método. [41.] Ajunte-se que a ideia se comporta objetivamente do mesmo modo que seu ideado se comporta realmente. Se, pois, existisse na Natureza uma coisa que não tivesse relação alguma com as outras, se dela também houvesse uma essência objetiva, concordando esta exatamente com sua essência formal, tal essência objetiva não teria, igualmente, nenhuma relação* com outras ideias, isto é, dela nada poderíamos concluir[27]; ao contrário, aquelas que têm relação com outras coisas, como são todas as que existem na Natureza, serão entendidas, e suas essências objetivas terão entre si a mesma relação, isto é, outras, ideias se deduzirão destas, que, por sua vez, terão relação com outras, e assim crescem os instrumentos para realizar outros progressos, como desejávamos demonstrar. [42.] Daquilo que acabamos de dizer, isto é, que a ideia deve concordar exatamente com sua essência formal, resulta por sua vez evidente que, para que nossa mente reproduza exatamente o modelo da Natureza, deve apresentar todas as suas ideias a partir daquela que se refere à origem e fonte de toda a Natureza, a fim de que seja também fonte das demais ideias.

[43.] A esta altura, pode talvez alguém estranhar que nós, ao mesmo tempo que dizemos que o bom método é aquele que mostra como a mente deve ser dirigida segundo a norma da ideia verdadeira dada, provemos essa afirmação por um raciocínio, o que parece

---

* Ter relação com outras coisas significa ser produzido por elas, ou então produzi-las.

[27] Todo este trecho pode ser considerado como um comentário do teorema VII do livro II da *Ética*: "A ordem e a conexão das ideias são as mesmas que a ordem e a conexão das coisas". O argumento, às avessas, é o seguinte: Se houvesse, para admitir uma hipótese absurda, algo que não tivesse nenhuma relação com as outras coisas da Natureza, a ideia dessa coisa, se fosse possível, também não estaria relacionada com nenhuma outra ideia. Nada se poderia concluir dela: estaria fora da ordem do conhecimento. (N. do T.)

indicar que ela não é evidente por si mesma. E com maior razão se pode perguntar se o raciocínio é bom. Se raciocinamos bem, devemos partir de uma ideia dada, mas, como partir de uma ideia dada é coisa que exige demonstração, devemos de novo comprovar nosso raciocínio e depois, novamente, este outro, e assim ao infinito.

[44.] A isso respondo que se alguém, levado por um acaso, assim procedesse ao estudar a Natureza, a saber, adquirindo, segundo a norma da ideia verdadeira dada, outras ideias na devida ordem, nunca duvidaria de sua verdade*, porque a verdade, como mostramos, por si mesma se manifesta, e também a esse alguém afluiriam naturalmente todas as verdades. Mas, como isso nunca ou raramente acontece, fui obrigado a apresentar assim as coisas a fim de que aquilo que não podemos obter pelo acaso adquiramos, entretanto, por meio de um plano preconcebido, e também a fim de que ficasse claro que, para provar a verdade e o raciocínio correto, nenhum outro instrumento é necessário senão a própria verdade e o raciocínio correto. Com efeito, comprovei que o raciocínio é bom raciocinando bem; e ainda agora esforço-me por comprová-lo. [45.] Acrescente-se que desse modo os homens se acostumam às meditações interiores. A razão, pois, pela qual raramente acontece que, no estudo da Natureza, ela seja investigada na devida ordem, se encontra nos prejuízos, cujas causas explicaremos depois, em nossa Filosofia. Outra razão, como mostraremos, é que se fazem necessárias grandes e acuradas distinções, o que exige muito esforço. Há finalmente o estado das coisas humanas que, como já mostramos, é muito incerto. E ainda outras razões que não estudamos.

[46.] Se alguém perguntasse, como é possível[28], por que apresentei, antes de tudo, as verdades da Natureza nesta ordem, uma vez

---

* Assim como aqui não duvidamos de nossa verdade.

[28] Este é um texto difícil. Há autores que julgam ter sido omitida uma negação na primeira frase, que então deveria ser: "Se alguém perguntasse, como é possível, por que não apresentei antes de tudo etc." Essa hipótese se justificaria: *a*) porque de fato é difícil compreender que nesta altura ESPINOSA afirme ter já apresentado as verdades da Natureza; *b*) o *não* facilitaria, pois, o entendimento do texto, que seria: Uma vez que a verdade sobre a Natureza se justifica por si mesma, por que não apresentá-la logo,

que a verdade se manifesta por si mesma, responder-lhe-ia e ao mesmo tempo recomendar-lhe-ia não rejeitar como falsas as afirmações paradoxais que talvez ocorram aqui e acolá, antes de dignar-se considerá-las na ordem segundo a qual as demonstramos; e então ficaria convencido de que chegamos à verdade; foi por isso que apresentamos previamente essas considerações.

[47.] Se, depois disso, algum cético continuar ainda em dúvida a respeito da primeira verdade e de todas as que deduzimos segundo a norma dessa primeira, é que ele fala contra a própria consciência; ou então teremos de admitir que há também homens que são cegos de espírito, seja de nascença, seja em consequência de preconceitos, isto é, por uma ocorrência exterior. De fato, esses nem de si mesmos têm consciência; se afirmam alguma coisa, ou se duvidam, não sabem se duvidam ou afirmam; dizem que nada sabem; e isso mesmo – que nada sabem – dizem ignorar; e nem isso dizem de modo absoluto, pois temem ter de admitir que existem, uma vez que nada sabem, de modo que afinal têm de calar-se, para que não venham a supor alguma coisa que tenha, por acaso, algum cheiro de verdade[29].
[48.] Em suma, com tais pessoas não se pode falar das ciências[30]; (quanto ao que tange ao uso da vida e da sociedade, a necessidade

---

dispensando considerações sobre o Método? Contra essa explicação se levanta GEBHARDT que, em vista da confrontação que fez do texto latino com a tradução holandesa do próprio ESPINOSA, na qual não existe o *não*, entende que o texto latino de fato não tem a negação.

Resta, pois, enfrentar a dificuldade da interpretação.

É evidente que ESPINOSA encarece a necessidade da ordem, aspecto essencial da verdade total. As considerações metodológicas preliminares que faz se destinam a chamar a atenção para isso. Mesmo na exposição ordenada do sistema total das ideias, uma pessoa desprevenida quanto ao caráter essencial da ordem poderia sentir-se sumamente embaraçada. Assim, a parte que começa com "responder-lhe-ia" parece clara: Resta a primeira parte, que, parece-nos, pode ser entendida da seguinte maneira: "Se alguém perguntar por que apresentei as verdades da Natureza nesta ordem, *isto é, falei do Método como necessário para compreender a Natureza, uma vez que acabei afirmando que a verdade se manifesta por si mesma, a isso respondo-lhe*" etc. Conf. Carlini, nota 17; A. DARBON, *Études spinozistes*, p. 7. (N. do T.)

[29] Confira-se este texto com o "cogito" cartesiano. Os céticos seriam levados, necessariamente, a negar até sua própria consciência; não seriam capazes de afirmar que duvidam, nem mesmo ousariam dizer que existem. (N. do T.)

[30] Considerando como um parêntese, que é nosso, as palavras seguintes, ficará mais claro o sentido. (N. do T.)

as obriga a admitir que existem, a procurar o que lhes é útil e a afirmar e negar, até com juramento, muita coisa). De fato, se a elas se faz a demonstração de alguma coisa, não sabem se a argumentação prova ou é deficiente. Se negam, concordam ou discordam, não sabem se negam, concordam ou discordam; é, pois, inevitável tê-las como autômatos, inteiramente desprovidos de pensamento.

[49.] Voltemos agora ao nosso propósito[31]. Primeiramente, estabelecemos o fim ao qual desejamos dirigir todos os nossos pensamentos. Descobrimos, em segundo lugar, qual é a melhor percepção, com auxílio da qual poderemos alcançar nossa perfeição; descobrimos, em terceiro lugar, qual é o caminho primeiro a que a mente deve ater-se para bem principiar, isto é, inquirir segundo leis certas, a fim de que prossiga segundo a norma de qualquer ideia verdadeira dada. Para fazer isso corretamente, o Método deve exigir o seguinte: Primeiramente, distinguir de todas as outras percepções a ideia verdadeira e preservar a mente das demais. Em segundo lugar, traçar regras para perceber, segundo essa norma, coisas ainda não conhecidas. Em terceiro lugar, estabelecer a ordem, para que não nos cansemos com coisas inúteis. Depois de conhecer este Método, vimos, em quarto lugar, que ele será perfeitíssimo quando tivermos a ideia do Ser Perfeitíssimo. Daí que, já de início, se deve tomar isso na máxima consideração, a fim de chegar o mais depressa possível ao conhecimento desse Ente.

[50.] Comecemos, pois, pela primeira parte do Método que é, como dissemos, distinguir e separar a ideia verdadeira das outras percepções e impedir a mente de confundir com as verdadeiras as que são falsas, fictícias e duvidosas; minha intenção é explicar isso aqui longamente, a fim de que os leitores se detenham na consideração de uma coisa tão necessária e, também, porque há muitos que duvidam até mesmo das ideias verdadeiras pelo fato de não atenderem à distinção que existe entre a percepção verdadeira e todas as outras. São como os homens que estando acordados não duvidam

---

[31] Note-se que este parágrafo encerra um plano geral do *Tratado*.

que estão acordados; mas que pelo fato de se julgarem certos de estarem acordados, quando em sonho, como tantas vezes se dá, depois, ao verificarem seu erro, chegam a duvidar mesmo de suas vigílias; isso acontece porque nunca distinguiram entre o sono e a vigília.

[51.] Contudo, advirto que não explicarei aqui a essência de cada percepção, nem explicarei essa essência pela sua causa próxima, porque isso cabe à Filosofia, mas tratarei só daquilo que o Método exige, isto é, daquilo em que consiste a percepção fictícia, assim como a falsa e a duvidosa, e do como podemos livrar-nos de cada uma delas. Principiemos com o estudo da ideia fictícia[32].

[52.] Toda percepção tem por objeto ou uma coisa considerada como existente, ou então somente uma essência; como as ficções mais numerosas dizem respeito a coisas consideradas como existentes, falarei primeiramente destas, a saber, daquelas em que só se finge a existência e a coisa que em tal ato se finge é conhecida ou se supõe que é conhecida. Por exemplo, finjo que Pedro, a quem conheço, vai para sua casa, vem visitar-me e outras coisas semelhantes*. Agora pergunto, sobre que versa tal ideia? Vejo que versa somente sobre coisas possíveis, de modo nenhum sobre coisas necessárias ou impossíveis. [53.] Chamo impossível a coisa cuja natureza implica contradição na afirmação de que ela existe; necessária aquela cuja natureza implica contradição na afirmação de que não existe; possível aquela cuja existência, por sua própria natureza, não implica que haja contradição na afirmação de que existe ou de que não existe; mas neste caso a necessidade, ou impossibilidade, de sua existência depende de causas desconhecidas por nós, enquanto estamos a fingir que existem; por conseguinte, se a sua necessidade, ou impossibilidade, que dependem de causas externas, fossem conhecidas por nós, nada também poderíamos fingir a respeito. [54.] Donde se segue que se existe um Deus ou um ser onisciente, ele nada absolu-

---

[32] *Idea ficta* é a expressão latina – ideia fingida ou forjada. (N. do T.)

* Veja-se o que mais adiante notaremos a respeito das hipóteses, que são claramente compreendidas por nós; mas a ficção consiste nisto: em dizer que elas existem, tais quais, nos corpos celestes.

tamente pode fingir³³. No que nos concerne, do momento em que* sei que existo, não posso fingir que existo ou não existo; nem posso fingir um elefante que passe pelo fundo de uma agulha; nem depois** de conhecer a natureza de Deus, posso fingir que ele existe ou não existe; o mesmo se deve afirmar da Quimera, cuja natureza implica que será contraditório afirmar sua existência³⁴. De tudo isso fica claro o que já dissera, isto é, que a ficção da qual aqui falamos não diz respeito às verdades eternas***. Mostraremos logo que nenhuma ficção diz respeito a verdades eternas. [55.] Mas, antes de continuar, deve-se notar aqui, de passagem, que a mesma diferença que existe entre a essência de uma coisa e a essência de outra existe também entre a atualidade ou a existência de uma e a atualidade ou existência de outra. Assim que se quiséssemos conceber, por exemplo, a existência de Adão só por meio da existência em geral, isso seria como se, para conceber a sua essência, tomássemos em consideração só a natureza do ser e definíssemos, afinal: Adão é um ser. Por conseguinte, quanto mais geralmente, tanto mais confusamente será concebida uma existência, e tanto mais facilmente poderá ser atribuída a uma coisa qualquer; ao contrário, onde for concebida mais particularmente, mais claramente é entendida e mais dificilmente a atribuímos a algo que não a própria coisa, o que se dá quando não atendemos à ordem da Natureza. Isso merece ser notado.

---

³³ Fingir, pois, é pensar e afirmar algo que esteja dentro do possível. Mas o possível é apenas a expressão de nossa ignorância. Quem como Deus conhece as causas de todos os seres ou as causas que impedem que um ser exista, esse não pode fingir. (N. do T.)

* Uma vez que a coisa, logo que compreendida, se torna clara em si mesma, só apresentamos um exemplo, sem outra demonstração. O mesmo será da proposição contraditória desta, que, para evidenciar-se como falsa, basta que seja considerada, o que de pronto se verá quando falarmos da ficção que diz respeito à essência.

** Ainda que muitos digam duvidar que Deus exista. É que esses, ou têm apenas um nome em sua boca, ou então fazem alguma ficção a que chamam Deus, mas que não tem nada que ver com a natureza de Deus, como depois mostraremos, no devido lugar.

³⁴ Carlini dá exemplos para mostrar que ESPINOSA às vezes emprega a palavra *implicare* com o sentido de implicar *em contradição*. Sem essa explicação o texto seria difícil de entender e de traduzir. Conf. Carlini, nota 32, p. 118. (N. do T.)

*** Por verdade eterna entendo aquela que, se é afirmativa, nunca pode ser negativa. Assim, a primeira verdade é "Deus existe"; não é, porém, uma verdade eterna dizer: "Adão pensa". "A quimera não existe" é uma verdade eterna; não, porém, "Adão não pensa".

[56.] Devemos agora considerar o que vulgarmente se diz que são ficções, ainda que claramente saibamos que as coisas não são como as fingimos. Por exemplo, ainda que saiba que a Terra é redonda, nada impede que eu diga a alguém que a Terra é um hemisfério, semelhante a uma meia laranja num prato, ou que o Sol gira em torno da Terra e coisas que tais. A considerar isso com atenção, nada encontraremos que não esteja de acordo com o que já foi dito, se primeiro advertirmos que nós por vezes pudemos errar e que agora temos consciência de nossos erros; e, depois, que podemos fingir, ou pelo menos pensar, que outros homens estão no mesmo erro ou que podem incidir nele, como acontecera conosco anteriormente. Isso, digo, nós podemos fingir enquanto não vemos nenhuma impossibilidade ou nenhuma necessidade. Assim, quando digo a alguém que a Terra não é redonda etc., nada mais faço do que evocar à memória um erro em que talvez incidi ou a que podia ter sido levado, e depois finjo ou penso que aquele a quem digo isso está no mesmo erro ou pode ser induzido nele. Isso, repito, enquanto não vejo nenhuma impossibilidade ou necessidade; se, ao contrário, compreendesse tal impossibilidade ou necessidade, de modo algum poderia fingir e só deveria dizer que me ocupei com alguma coisa.

[57.] Resta agora tratar das suposições que se fazem nas discussões, que, por vezes, também dizem respeito a impossibilidades. Por exemplo, quando dizemos: suponhamos que esta vela acesa não está acesa, ou: suponhamos que ela está acesa em algum espaço imaginário, quer dizer, nalgum lugar onde não há corpos. Fazemos às vezes tais suposições, ainda que se veja claramente que essa última é impossível; mas, quando se faz isso, nada absolutamente está sendo fingido. Com efeito, no primeiro caso, nada mais fiz do que trazer à memória*

---

* Mais adiante, quando se tratar da ficção que diz respeito às essências, claramente se verá que a ficção não cria nunca, nem oferece à mente algo de novo; acontece apenas que as lembranças que estão no cérebro ou na imaginação são evocadas à memória e que a mente considera tudo ao mesmo tempo, de modo confuso. Por exemplo, trazem-se à memória a linguagem e a árvore; e a mente que pensa confusamente, sem distinguir as coisas, admite uma árvore que fala. O mesmo se deve pensar a respeito da existência, sobretudo, como dissemos[35], quando ela é concebida de modo geral, como ser, porque então facilmente se aplica a todas as coisas que ocorrem à memória. O que muito merece ser notado.

[35] Ver nº 55. (N. do T.)

outra vela não acesa (ou então imaginar esta mesma sem a chama) e o mesmo que penso da primeira penso também da segunda, na medida em que não penso na chama. No segundo caso, não se faz mais que desviar o pensamento dos corpos circunjacentes; a fim de que a mente se fixe só na contemplação da vela, considerada em si mesma, de modo a concluir depois que a vela não tem em si mesma a causa de sua própria consumição. Se, pois, não houvesse corpos circunjacentes, essa vela e também a chama permaneceriam imutáveis. E assim por diante. Não se trata, pois, aqui de ficção, mas* de puras e meras asserções.

[58.] Passemos agora às ficções que dizem respeito só às essências, ou às essências unidas ao mesmo tempo a alguma atualidade ou existência. Sobre estas o que se deve sobretudo considerar é que, quanto menos a mente entende e mais coisas percebe, mais poder tem de fingir, e, quanto mais entende, mais diminui aquele poder. Do mesmo modo que, como vimos antes, não podemos, por exemplo, fingir que pensamos ou que não pensamos enquanto estamos pensando, assim também, uma vez que conheçamos a natureza do corpo, não podemos fingir que pensamos uma mosca infinita; nem podemos fingir que pensamos uma alma quadrada, uma vez que conheçamos a natureza da alma**, ainda que tudo isso possamos dizer em palavras. Mas, como dissemos, quanto menos os homens conhecem a Natureza, mais facilmente podem multiplicar suas ficções, tais como árvores que falam, homens que instantaneamente se transformam em pedras ou em fontes, espectros que aparecem nos espelhos, o nada que vem a ser alguma coisa, e mesmo deuses transformados em animais ou em homens e infinitas coisas desse gênero.

---

* O mesmo se deve pensar das hipóteses que se fazem para explicar certos movimentos que condizem com fenômenos celestes, contanto que, se forem aplicados aos movimentos celestes, não seja para tirar conclusões sobre a natureza dos céus, que pode ser diferente, especialmente porque, para explicar tais movimentos, se podem conceber muitas outras causas.

** Acontece muitas vezes que uma pessoa traz à sua memória esta palavra "alma" e simultaneamente forma dela alguma imagem corpórea. Como estas duas coisas são representadas ao mesmo tempo, facilmente julga que pode imaginar e fingir uma alma corpórea, porque não faz distinção entre o nome e a coisa. Peço que os leitores não se precipitem a refutar isso, o que não farão, como espero, se considerarem com a devida atenção os exemplos apresentados, assim como o que se segue.

[59.] Poderá talvez alguém julgar que é a própria ficção, e não a inteligência, que limita a ficção; isto é, depois de forjar a ideia de alguma coisa e com uma certa liberdade asseverar que ela assim existe na natureza das coisas, isso faz que, a partir daí, não possamos pensar de outro modo. Por exemplo, para usar sua própria linguagem, depois que forjei determinada ideia sobre a natureza do corpo e que a mim mesmo, por minha vontade, quis persuadir-me de que ela realmente existe desse modo, não mais poderei fingir que existe uma mosca infinita e, depois de ter forjado uma certa essência da alma, não posso mais pensá-la como algo de forma quadrada[36].

[60.] Examinemos o assunto. Primeiramente: ou negam ou admitem que podemos entender alguma coisa. Se admitem, necessariamente devem dizer da inteligência o mesmo que dizem da ficção[37]. Se, ao contrário, negam, vejamos nós, que sabemos que conhecemos alguma coisa, o que é que eles dizem. Dizem, evidentemente, que a alma pode sentir e perceber de muitos modos, não a si mesma nem as coisas que existem; mas somente coisas que não existem nem nela nem em outro lugar; dizem, em suma, que a alma pode só por sua força criar sensações ou ideias que não são de coisas, de tal forma que em parte a consideram como um Deus[38]. Dizem mais,

---

[36] ESPINOSA prevê uma objeção possível contra a sua doutrina de que, partindo de uma ideia verdadeira dada, nossa inteligência necessariamente ingressará na ordem universal das ideias. Essa objeção é que uma ficção qualquer, uma vez aceita, nos levará também logicamente a um certo número de consequências que, por partirmos de uma arbitrária afirmação, podem não ser verdadeiras. Por exemplo, se definimos a alma como algo incorpóreo, não podemos deixar de concluir que ela não é quadrada. Mas quem sabe se, justamente, a alma não é corpórea? (N. do T.)

[37] Isto é, que existe uma ordem necessária das ideias verdadeiras na qual penetramos a partir de qualquer ideia verdadeira, o que resultaria na final eliminação da ordem fundada em ideias falsas. A ficção seria limitada ou destruída pelo conhecimento. (N. do T.)

[38] Negar o conhecimento e dizer que tudo é ficção importa em dizer que a alma, até certo ponto como Deus, tem a capacidade de criar percepções e ideias que não têm nada que ver nem com a natureza da alma nem com a natureza das coisas. É, diz ESPINOSA, um pensamento delirante cuja falsidade não demonstrará. Isso fica para a sua Filosofia, onde demonstrará que a alma *é a ideia das coisas*. Aqui apenas assinala que há ficções falsas e que as consequências que se tiram delas põem logo em evidência sua falsidade. Por outro lado, há também ficções que são verdadeiras, uma vez que as consequências que delas se tiram as ligam à ordem universal das ideias. Tais são as matemáticas, por exemplo. (N. do T.)

TRATADO DA REFORMA DA INTELIGÊNCIA

que nós temos a liberdade de constranger-nos, ou nossa alma tem a liberdade de se constranger, ou melhor, de constranger sua própria liberdade. Porque, uma vez que forjou a ideia de alguma coisa, e lhe deu seu assentimento, não pode pensar essa ideia de modo diverso, nem forjá-la de modo diferente; e fica obrigada a pensar as outras coisas de modo a que elas não se oponha a primeira ficção; assim é que aqui mesmo são obrigados, por causa de sua ficção, a admitir os absurdos que acabei de enumerar; para destruí-los, não nos daremos o trabalho de outras demonstrações; [61.] mas, abandonando-os a seus delírios, cuidaremos de retirar das palavras que com eles trocamos alguma coisa de verdadeiro que seja útil ao nosso modo de pensar, a saber*: a mente, quando se aplica à coisa forjada e falsa de sua natureza, para refletir sobre ela, compreendê-la e, segundo a boa ordem, dela deduzir o que se deve deduzir, facilmente manifesta a sua falsidade; e, se a ficção é, de sua natureza, verdadeira, quando a mente a ela se aplica para compreendê-la e, na boa ordem, começa a deduzir as coisas que dela se seguem, continuará, com êxito, sem nenhuma interrupção; assim como vimos que a inteligência se apresenta logo para patentear, da falsa ficção acima mencionada, o seu absurdo, bem como o absurdo de outras coisas que dela se deduzem.

[62.] Não será, pois, de temer qualquer ficção, contanto que percebamos as coisas clara e distintamente; se falamos, por acaso, de homens que repentinamente são transformados em animais, isso é dito de modo muito geral, de maneira que não se apresenta em nossa mente nenhum conceito, isto é, nenhuma ideia ou ligação entre o sujeito e o predicado; se isso se desse, ao mesmo tempo veríamos o termo médio assim como as causas que explicam como e

---

* Como pode parecer que concluo isto só da experiência e pode alguém dizer que nada vale, porque falta a demonstração, aí vai a demonstração para quem a queira: Nada, na Natureza, pode ser contrário às suas leis e todas as coisas se fazem segundo suas próprias leis, de modo que, com infalível concatenação, produzem determinados efeitos segundo leis determinadas; daí se segue que a alma, quando concebe uma coisa conforme a verdade, continua objetivamente a desenvolver os mesmos efeitos. Veja-se, adiante, onde falo da ideia falsa.

por que esse fato acontece. Também não se toma em consideração a natureza nem do sujeito nem do predicado.

[63.] Aliás, uma vez que a primeira ideia não seja uma ficção e que dela se deduzam todas as outras, pouco a pouco desaparece a tendência para as ideias fictícias; além do mais, como a ficção não pode ser clara e distinta, mas tem de ser confusa, e como toda confusão procede disto, que de uma coisa inteira ou composta de muitas partes, a mente só conhece uma parte e não distingue o que conhece daquilo que não conhece; e também, como considera, de uma só vez, os múltiplos elementos contidos em uma coisa qualquer, sem qualquer distinção, daí se conclui, primeiramente, que, se a ideia de qualquer coisa for muito simples, ela não poderá deixar de ser clara e distinta, visto que tal coisa não poderá ser conhecida só em parte, mas ou tem de ser conhecida no todo ou não o será em nada. [64.] Em segundo lugar, segue-se que, se uma coisa composta de muitas partes for dividida pelo pensamento em todas as suas partes mais simples e se cada uma delas for considerada separadamente, toda confusão logo desaparecerá[39]. Em terceiro lugar, segue-se que a ficção não pode ser simples mas resulta da composição de diversas ideias confusas, que se referem a diversas coisas e ações existentes na Natureza, ou melhor, vem da atenção*, dada ao mesmo tempo, mas sem assentimento, a essas diversas ideias. Se fosse simples, de fato, seria clara e distinta e, por conseguinte, verdadeira. Se fosse composta de ideias distintas, também a composição seria clara e distinta e, por conseguinte, verdadeira. Exemplo. Logo que conheçamos a natureza do círculo e a natureza do quadrado, já não podemos combinar as duas e pensar um círculo quadrado, ou uma alma quadrada, ou coisas semelhantes.

---

[39] Conf. DESCARTES. A regra da evidência e as regras da análise e da síntese, no *Discours*. (N. do T.)

* A ficção considerada em si mesma não difere muito do sonho, a não ser em que nos sonhos não aparecem as causas que aos que estão acordados se apresentam por obra dos sentidos; daí se vê que as representações que ocorrem nessa ocasião não se apresentam como provenientes de coisas que estão fora de nós. O erro, pois, como se verá logo, é o sonhar acordado; e, se ele se torna muito evidente, chama-se delírio.

[65.] Concluamos, ainda uma vez, brevemente, e vejamos que de nenhum modo se deve temer que a ficção se confunda com as ideias verdadeiras. De fato, quanto ao primeiro gênero de que acima falamos, isto é, no caso em que uma coisa é claramente concebida, vimos que, se isso é claramente concebido, é por si uma verdade eterna, e se a sua existência o é também, nada podemos fingir a respeito dela; mas, se a existência da coisa concebida não for uma verdade eterna, é necessário, somente, cuidar de conferir a existência da coisa com a sua essência e de considerar ao mesmo tempo a ordem da Natureza. Quanto ao segundo gênero de ficção, que dissemos ser aquele em que a atenção em um momento se dirige, sem lhes dar assentimento, a diversas ideias confusas que vêm de diversas coisas e ações existentes na Natureza, vimos também que uma coisa absolutamente simples não pode ser objeto de ficção, mas só pode ser entendida; e o mesmo se dá com uma coisa composta, se considerarmos as partes mais simples de que ela é composta; mais ainda, não podemos, a partir destas, fingir outras ações que não são verdadeiras, porque seremos forçados, ao mesmo tempo, a considerar como e por que tais ações têm lugar.

[66.] Uma vez compreendidas essas coisas, passemos ao exame das ideias falsas a fim de verificar a que se referem e como podemos precaver-nos para não incidir em falsas percepções. Não nos será difícil nem uma nem outra dessas duas coisas, depois que estudamos as ideias fictícias, pois entre elas não há nenhuma diferença, a não ser que as ideias falsas[40] supõem o assentimento, isto é, (como já notamos) que no momento em que as representações se deparam ao mesmo[41] nenhumas causas se apresentam, pelas quais, como acontece com o que faz uma ficção, se possa verificar que as mesmas não têm origem em coisas que estão fora dele; de modo que a

---

[40] *Ideias falsas* se encontra em nossa tradução em lugar do pronome *haec*, que normalmente teria como antecedente *ideias fictícias*. O sentido, contudo, exige essa substituição, como bem observa Carlini. Conf. nota 37 desse autor a este texto. (N. do T.)

[41] Isto é, a quem dá o assentimento. A diferença que existe entre o falso e o fictício é quem *faz* uma ficção, por isso mesmo que a faz, sabe que é uma ficção e não lhe dá as sentimento. Ao contrário, à ideia falsa damos nosso assentimento por nos parecer que ela vem de fora. (N. do T.)

ideia falsa quase que não é mais que um sonhar de olhos abertos, ou seja, em estado de vigília. A ideia falsa, pois, versa (ou para dizer melhor) se refere à existência da coisa, cuja essência é conhecida, ou se refere à essência, do mesmo modo que a ideia fictícia. [67.] A que se refere à existência se corrige do mesmo modo que a ficção: pois que, se a natureza da coisa conhecida supõe necessária a sua existência, é impossível que erremos a respeito de sua existência; todavia, se a existência da coisa não for uma verdade eterna, como a sua essência, dependendo a necessidade ou impossibilidade de existir de causas externas, então compreenda-se tudo do mesmo modo que dissemos, quando falamos da ficção, pois que se corrige da mesma maneira.

[68.] No que diz respeito à outra espécie de erro, que se refere às essências ou ainda a ações, tais percepções, necessariamente, são sempre confusas, pois são compostas de diversas percepções confusas de coisas existentes na Natureza; por exemplo, quando os homens se persuadem de que existem divindades nas florestas, nos ídolos, nos animais e noutras coisas; que há corpos cuja combinação é suficiente para fazer surgir a inteligência; que há cadáveres que raciocinam, caminham e falam; que Deus se engana e outras coisas que tais. Mas as ideias que são claras e distintas nunca podem ser falsas, porque as ideias das coisas que se concebem clara e distintamente ou são as mais simples, ou compostas de ideias simples, isto é, são deduzidas das ideias mais simples. Que, de fato, uma ideia simplíssima não pode ser falsa, qualquer pessoa poderá ver, uma vez que saiba o que é o verdadeiro, isto é, o intelecto, e ao mesmo tempo o que é o falso.

[69.] Pois que, quanto ao que constitui a forma do verdadeiro, é certo que o pensamento distingue a ideia verdadeira da que é falsa não tanto por caracteres extrínsecos, mas, sobretudo, por caracteres intrínsecos. Efetivamente, se um construtor concebe, segundo certa ordem, uma construção qualquer, ainda que tal construção nunca tenha existido, nem nunca venha a existir, o seu pensamento nem por isso é menos verdadeiro, e o pensamento permanece o mesmo, quer a construção exista, quer não; se, ao contrário, por exemplo, alguém diz que Pedro existe sem que, entretanto, saiba se Pedro existe, esse pensamento a respeito dele é falso, ou, se se prefere, esse pensamento não é verdadeiro ainda que Pedro de fato exista. Nem esta afirmação: "Pedro existe" é verdadeira, a não ser para aquele que sabe com certeza que Pedro existe. [70.] Daí se segue que há nas ideias uma certa realidade pela qual se distinguem as verdadeiras das falsas, o que agora deverá ser estudado, a fim de que tenhamos a melhor norma da verdade (dissemos, com efeito, que devemos determinar nossos pensamentos segundo a norma dada da ideia verdadeira e que o Método é conhecimento reflexivo) e que conheçamos as propriedades do intelecto[42]; nem se deve dizer que essa diferença vem de que o pensamento verdadeiro consiste em conhecer as coisas por suas causas primeiras (sem dúvida, nisso o pensamento verdadeiro diferiria grandemente do falso, de acordo com o que explicamos atrás), porque também se diz pensamento verdadeiro o que envolve objetivamente a essência de algum princípio que não tem causa e que se conhece por si mesmo e em si mesmo. [71.] Pelo que a forma do pensamento verdadeiro deve ser posta no próprio pensamento, sem relação com outros pensamentos[43], nem ele reconhece como causa um objeto, mas deve depender da própria força da inteligência e de sua natureza. Suponhamos, com efeito, que o intelecto percebesse algum ente novo, que nunca tivesse existido, assim como concebem, alguns, o intelecto de Deus, antes de ter criado as coisas (percepção esta que, obviamente, não podia provir de qualquer objeto) e que de tal percepção outras legitimamente se deduzissem: todos esses pensamentos seriam verdadeiros e de nenhum modo determinados por objeto externo, mas dependeriam só da força e da natureza da inteligência. Pelo que aquilo que cons-

---

[42] Aqui aparece pela primeira vez a ideia das *propriedades* da inteligência, que conduzirá mais adiante à necessidade de *definir* a inteligência. (N. do T.)

[43] O texto latino é: "Quare forma verae cogitationis in eadem ipsa cogitatione sine relatione ad alias debet esse sita..." É difícil compreender a afirmação "sem relação com outros pensamentos", que é a única tradução gramaticalmente possível. Difícil compreender porque, justamente, o que ESPINOSA vem dizendo, inclusive neste texto, é que o pensamento só pode ser determinado pelo pensamento e pela força e natureza da inteligência. (N. do T.)

titui a forma do verdadeiro pensamento deve ser procurado no próprio pensamento e deduzido da natureza da inteligência[44].

[72.] Para estudar esse assunto, ponhamos sob nossos olhos uma ideia verdadeira qualquer, cujo objeto saibamos com a máxima certeza que depende só de nossa capacidade de pensar, não existindo na Natureza qualquer objeto que lhe corresponda; como é manifesto, pelo que acabamos de dizer, uma ideia como essa nos permitiria mais facilmente investigar o que queremos. Por exemplo, para formar o conceito de esfera, crio arbitrariamente uma causa, a saber, um semicírculo que gira sobre o seu centro e dessa rotação como que nasce a esfera. Claro que esta é uma ideia verdadeira; ainda que saibamos que na Natureza jamais uma esfera se formou desse modo, este é, entretanto, um pensamento verdadeiro e o modo mais fácil de formar o conceito de esfera. É de notar, desde já, que essa percepção afirma que o semicírculo gira, afirmação que seria falsa se não estivesse ligada ao conceito de esfera ou da causa que determina esse movimento; isto é, seria falsa em absoluto se essa afirmação fosse nua[45]; pois que nesse caso a mente tenderia a afirmar apenas um movimento do semicírculo, que não está contido no conceito de semicírculo, nem surge do conceito da causa que determina o movimento. A falsidade, pois, só nisto consiste – que de uma coisa se afirme algo que não está contido no conceito que dela formamos, como o movimento ou o repouso ditos do semicírculo. Donde se segue que as ideias não podem deixar de ser verdadeiras, como a ideia simples de semicírculo, de movimento, de quantidade. O que quer que essas ideias contenham de afirmação é adequado ao conceito delas e não vai além; pelo que podemos formar ideias simples à vontade, e sem medo de errar[46].

---

[44] A ordem e a conexão das ideias verdadeiras é a mesma que a ordem e conexão das coisas; mas aquela não se tira desta. *Ética*, l. II, teorema VII. (N. do T.)

[45] Isto é, se não fosse feita com objetivo de criar uma definição da esfera. (N. do T.)

[46] É paradoxal a expressão "formar ideias simples". Ideias simples não são ideias indecomponíveis, mas ideias cujos elementos são ligados por relações evidentes à inteligência. Conf. nota 68 da Introdução. – Estes números 72 e 73 são um estudo da ficção verdadeira. (N. do T.)

[73.] Resta, pois, somente verificar por que força nossa mente pode formá-las e até onde essa força se estende; feita essa verificação, veremos o sumo conhecimento a que podemos chegar. De fato, é certo que sua força não se estende até o infinito; pois que, quando de alguma coisa afirmamos algo que não está contido no conceito que da mesma formamos, isso indica um defeito de nossa percepção, ou que temos pensamentos ou ideias como que mutilados e truncados. Assim, vimos que o movimento de um semicírculo é falso, quando isolado em nossa mente, mas é verdadeiro quando conjugado ao conceito de esfera ou ao conceito de alguma coisa que determina esse movimento. Porque se é da natureza do ser pensante formar pensamentos verdadeiros ou adequados, o que é patente à primeira vista, então é certo que as ideias inadequadas se produzem em nós somente pelo fato de sermos parte de um ser pensante cujos pensamentos constituem nossa mente às vezes no todo, às vezes só parcialmente.

[74.] Devemos considerar agora uma coisa que a respeito da ficção não era o caso de notar, mas em que se encontra a maior fonte de erros; é aquilo que acontece quando certas coisas que se oferecem à imaginação se encontram também na inteligência, isto é, são clara e distintamente concebidas; porque então, enquanto não se separa o distinto do confuso, a certeza, quer dizer, a ideia verdadeira, se mistura com as que não são distintas. Por exemplo, alguns dentre os estoicos talvez tivessem ouvido a palavra "alma" e também que esta é imortal, coisas que só confusamente imaginavam; imaginavam também, e ao mesmo tempo entendiam, que os corpos mais sutis penetravam todos os outros e não eram penetrados por nenhuns. Como imaginavam tudo isso concomitantemente com a certeza deste axioma, ficaram logo certos que a mente era esses corpos sutilíssimos, e que esses corpos sutilíssimos não são divisíveis etc.

[75.] Mas também dessa espécie de erro nos libertamos, desde que nos esforcemos para examinar, segundo a norma da ideia verdadeira dada, todas as nossas percepções, guardando-nos, como dissemos de início, daquelas que nos vêm do ouvir dizer e da experiência vaga. Acrescente-se que tal engano deriva disto – que concebem as coisas de modo demasiado abstrato; porque é claro por si mesmo que aquilo que concebo no seu verdadeiro objeto, isso não posso aplicar a outro. Deriva esse erro, finalmente, disto também – que não entendem os primeiros elementos de toda a Natureza; e por isso, procedendo sem ordem e confundindo a Natureza com abstrações, ainda que estas sejam axiomas verdadeiros, confundem-se a si mesmos e pervertem a ordem da Natureza[47]. Quanto a nós, esse erro não será de temer, de modo algum, se procedermos o menos abstratamente possível, e se começarmos, o mais depressa que se possa, pelos primeiros elementos, isto é, pela fonte e origem da Natureza.

[76.] Ora, no que respeita ao conhecimento da origem da Natureza não há nenhum risco de confundi-lo com abstrações; pois, quando alguma coisa é concebida abstratamente, como acontece com todos os universais, estes sempre são compreendidos pela inteligência mais amplamente do que na realidade podem existir na Natureza as coisas particulares que lhes correspondem. Demais, como na Natureza existem muitas coisas, cuja diferença é tão exígua que quase escapa à inteligência, por isso facilmente se podem confundir, quando abstratamente concebidas; contudo, visto que a origem da Natureza, como depois veremos, não pode ser concebida nem abstrata nem universalmente, nem pode ter na inteligência uma extensão maior do que aquela que efetivamente possui e também não tem semelhança alguma com as coisas mutáveis, nenhuma confusão é de temer-se a respeito dela, se nos atemos à norma da verdade (que já apresentamos); é que este ser é único* e infinito, quer dizer, é a totalidade do Ser fora do qual** não há nenhum ser.

---

[47] Pode, pois, haver ideias abstratas verdadeiras, que, entretanto, conduzem a erro. Não é só a imaginação que confunde o espírito, nos dois primeiros modos de percepção – ouvir dizer e experiência vaga – é também a abstração, que para ESPINOSA é a ausência da ordem: as ideias são realmente verdadeiras, no sentido de serem a verdade a respeito das coisas, quando se integram na ordem universal das ideias, isto é, no conjunto de ideias que se deduz da ideia do Ser Perfeito. (N. do T.)

* Estes não são atributos de Deus, que manifestam a sua essência, como mostrarei na Filosofia.

** Isto já foi demonstrado antes. Efetivamente, se tal ser não existisse, nunca poderia ser produzido, e então a mente poderia pensar mais coisas do que aquelas que a Natureza pode apresentar, o que já foi, anteriormente, reconhecido como falso.

[77.] Até aqui sobre a ideia falsa. Resta-nos examinar a ideia dúbia, isto é, quais as coisas que podem levar-nos à dúvida e, ao mesmo tempo, como podem ser eliminadas. Falo da verdadeira dúvida, dúvida de pensamento, e não a que frequentemente encontramos, a saber, aquela em que uma pessoa diz, com palavras, que duvida, ainda que o espírito não veja nenhuma dúvida; não cabe ao Método corrigir isso; cabe, antes, ao estudo da obstinação e ao modo de corrigi-la[48]. [78.] Não se encontra, efetivamente, na alma nenhuma dúvida produzida pela coisa mesma de que se duvida, quero dizer, se existisse na alma uma única ideia, fosse ela verdadeira ou falsa, nenhuma dúvida seria possível, nem também a certeza: só haveria uma certa sensação. Pois essa ideia isolada não é em si mesma nada mais que aquela sensação. A dúvida, porém, pode vir de outra ideia que não é clara e distinta de modo a permitir que dela se conclua algo certo a respeito da coisa de que se duvida; ou, por outras palavras, a ideia que não é clara e distinta é que nos lança na dúvida. Por exemplo, se alguém nunca pensou nos erros dos sentidos, quer levado pela experiência, quer de algum outro modo, nunca perguntará se o Sol é muito maior do que parece. Por isso, os camponeses frequentemente se admiram quando ouvem dizer que o Sol é muito maior que o globo terrestre; mas, pensando na fraqueza dos sentidos, surge a dúvida. Sabe-se, decerto, que os sentidos às vezes enganam, mas sabe-se confusamente, pois não se sabe como os sentidos falham; e se alguém, depois da dúvida, adquire o verdadeiro conhecimento dos sentidos e como por seus órgãos as coisas são representadas a distância, então a dúvida é novamente eliminada. [79.] Donde se conclui que não podemos pôr em dúvida as ideias verdadeiras mediante a hipótese da existência de um Deus enganador, que nos induz em erro mesmo em coisas as mais certas, a não ser quando não temos de Deus nenhuma ideia clara e distinta, o que acontece quando, ao considerar o conhecimento que temos da origem de todas as coisas, nada descobrimos que nos mostre que Deus não pode ser enganador, e isso com o mesmo conhecimento com que

---

[48] Trata-se de uma alusão crítica à dúvida cartesiana, cujo alcance ESPINOSA não teria compreendido. (N. do T.)

descobrimos, quando atentamos para a natureza do triângulo, que seus três ângulos são iguais a dois retos; mas, se temos de Deus um conhecimento tal como o do triângulo, então toda dúvida é eliminada. E do mesmo modo que podemos alcançar esse conhecimento do triângulo, ainda quando não saibamos, com certeza, se porventura algum grande mistificador nos leva ao erro, assim também podemos alcançar esse conhecimento de Deus, ainda que não saibamos com certeza se existe o grande mistificador. E se o temos, isso é suficiente, como disse, para eliminar toda dúvida que possamos ter a respeito das ideias claras e distintas[49]. [80.] Assim, pois, se procedemos de modo correto, investigando as coisas que devem ser investigadas em primeiro lugar, sem nenhuma interrupção na concatenação das coisas, e se sabemos como as questões devem ser determinadas, antes de procurar conhecê-las, nunca teremos senão ideias certíssimas, isto é, claras e distintas[50]. Porque a dúvida nada mais é que a indecisão de espírito a respeito de alguma afirmação ou negação: afirmar-se-ia ou negar-se-ia se não ocorresse algo que, sendo ignorado, faz que tenha de ser imperfeito o conhecimento da coisa. Donde se conclui que a dúvida vem de que não se faz na devida ordem a investigação.

[81.] Essas são as coisas de que prometi tratar nesta primeira parte do Método. Mas, a fim de nada omitir a respeito do que pode conduzir ao conhecimento da inteligência e de suas forças, tratarei também, rapidamente, da memória e do esquecimento. Aquilo que, mais que tudo, se deve notar aqui é que a memória é fortificada com a ajuda da inteligência e, também, sem o concurso dela. No primeiro caso, de fato, quanto mais uma coisa é inteligível, tanto mais facilmente ela é guardada, e, por outro lado, quanto menos é inteligível mais facilmente a esquecemos. Por exemplo, se dou a

---

[49] DESCARTES elimina o *malin génie* pela prova da existência de um Deus perfeito, cuja veracidade garante a verdade das ideias claras e distintas, ESPINOSA funda a verdade das ideias claras e distintas na possibilidade de integrá-las na ordem total das ideias, cujo primeiro elo é a própria ideia de Deus. (N. do T.)

[50] Conf. nota anterior. As ideias certíssimas são as que estão dentro da ordem total. Tais ideias são também claras e distintas. Não há como levantar o problema do *malin génie*. (N. do T.)

alguém uma porção de palavras soltas, a pessoa as reterá muito mais dificilmente do que se eu as apresentar na forma de uma narração. [82.] Mas a memória é também fortalecida sem o auxílio da inteligência, ou seja, pela força com que a imaginação ou o senso a que chamam comum é afetado por alguma coisa singular corpórea. Digo *singular*, porque a imaginação só é afetada por coisas singulares. De fato, se alguém lê, por exemplo, uma única história de amor, guardá-la-á muito bem na memória, enquanto não ler muitas outras do mesmo gênero, porque ela domina sozinha na imaginação; mas, se há muitas do mesmo gênero, imaginam-se todas ao mesmo tempo, e facilmente se confundem. Digo também *corpórea*, porque a imaginação só é afetada por coisas corpóreas. Assim, visto que a memória é ajudada pela inteligência mas também sem a inteligência, disso se conclui que ela é algo diferente da inteligência e que com a inteligência considerada em si mesma nada tem a ver nem a memória nem o esquecimento[51]. [83.] Que será, pois, a memória? Nada mais que a sensação das impressões do cérebro, acompanhada do pensamento de uma determinada* duração da sensação; a reminiscência também mostra isso. Nesta a alma pensa, sem dúvida, naquela sensação, mas não sob a forma de uma duração contínua; e assim a ideia dessa sensação não é a própria duração da sensação, isto é, não é propriamente a memória. Veremos na Filosofia se as próprias ideias podem sofrer alguma corrupção. E se, porventura, isso a alguém se afigura absurdo, para o nosso propósito basta pensar que, quanto mais singular é uma coisa, mais facilmente é retida pela memória, como se vê pelo exemplo da comédia[52] há pouco referido.

---

[51] A memória é algo relacionado com o tempo e o tempo para ESPINOSA é uma ideia do primeiro gênero de conhecimento – sentidos e imaginação. Nada, pois, tem a ver com a inteligência, cujas ideias gozam de uma "certa eternidade". Conf. *Ética*, l. II, props. XVIII, escólio; XLIV, corolário e escólio; corolário II. (N. do T.)

* Se a duração é indeterminada, a lembrança da coisa é imperfeita; parece que todo mundo compreende isso naturalmente. Assim, para que demos crédito maior ao que diz uma pessoa qualquer, perguntamos quando e onde aconteceu o fato. Se bem que as próprias ideias tenham, na mente, sua própria duração, entretanto, como estamos habituados a determinar a duração por meio de alguma medida do movimento, o que também se faz com o auxílio da imaginação, por isso não observamos nenhuma memória que seja da mente pura.

[52] Conf. nº 82. (N. do T.)

32 Por outro lado quanto mais a coisa é inteligível, tanto mais facilmente é retida. Donde se segue que não podemos deixar de reter uma coisa que é absolutamente singular, por pouco que seja inteligível.

[84.] Assim, pois, fizemos a distinção entre a ideia verdadeira e as outras percepções, e mostramos que as ideias fictícias, falsas e outras têm sua origem na imaginação, isto é, vêm de certas sensações fortuitas e, por assim dizer, soltas, que não nascem da própria força da mente, mas de causas externas, conforme o corpo, quer no sono quer em vigília, é afetado por diversos movimentos. Se vier a calhar, que se entenda por imaginação o que quer que se queira, contanto que seja algo diferente da inteligência, algo em que a alma faça o papel de paciente; pois é indiferente, o que quer que se pense, uma vez que sabemos que a imaginação é uma coisa vaga, em que a alma é passiva, e que ao mesmo tempo sabemos como libertar-nos dela pela atividade de nossa inteligência. Por isso mesmo, ninguém se admire de que eu aqui, não tendo ainda provado que existe o corpo e outras coisas necessárias, fale entretanto da imaginação, do corpo e de sua constituição. Com efeito, como já disse, é indiferente o que pense dela, uma vez que sei que é algo vago etc.

[85.] Ora, mostramos que é simples ou composta de ideias simples a ideia verdadeira, que é a que mostra como e por que uma coisa existe ou é feita. Também mostramos que os efeitos objetivos da ideia na alma procedem segundo a razão da formalidade de seu objeto[53], tudo de acordo com o que os antigos já haviam dito, a saber, que a verdadeira ciência procede da causa para o efeito; com esta diferença que, ao que eu saiba, nunca, como nós aqui, conceberam a alma a agir sob determinadas leis e, por assim dizer, como um autômato espiritual. [86.] Com o que adquirimos, o quanto se pode fazer de início, um conhecimento de nosso intelecto e uma norma da ideia verdadeira tal que já não temermos confundi-la com as falsas ou com as fictícias; nem ainda nos admiraremos de que entendamos certas coisas que de nenhum modo caem sob a imaginação,

---

[53] Conf. p. 17, nota 19.

TRATADO DA REFORMA DA INTELIGÊNCIA

enquanto na imaginação existem umas que se opõem inteiramente à inteligência, ao passo que outras, enfim, concordam com ela, visto que sabemos que as operações pelas quais se produzem as imagens se fazem segundo outras leis, em que a alma tem um papel de paciente, e que são inteiramente contrárias às leis da inteligência. [87.] Também se verifica quão facilmente podem cair em grandes erros os que não distinguem cuidadosamente entre o imaginar e o entender. Exemplos disso são: que a extensão tem de estar em um lugar; que tem de ser finita, com partes que realmente se distinguem umas das outras; que ela é o primeiro e único fundamento de todas as coisas, e que ocupa, em dado tempo, mais espaço que em outro, e muitas outras coisas semelhantes que são inteiramente contrárias à verdade, como em lugar próprio mostraremos.

[88.] Como as palavras são parte da imaginação, isto é, como forjamos muitos conceitos na medida em que, vagamente, em virtude de uma disposição qualquer do corpo, elas se compõem na memória, não é de duvidar que, assim como a imaginação, as palavras também possam ser a causa de muitos e grandes erros, a não ser que com grande esforço nos guardemos deles [89.] Ajunte-se que as palavras são formadas ao capricho e segundo a compreensão do vulgo, de modo que são sinais das coisas na medida em que existem na imaginação e não na medida em que existem na inteligência; isso claramente se vê pelo fato que a todas as coisas que só existem na inteligência e não na imaginação impuseram-se muitas vezes nomes negativos, tais como incorpóreo, infinito etc., e também porque muitas coisas que são realmente afirmativas se exprimem negativamente e por oposição, tais como incriado, independente, infinito, imortal etc.; sem dúvida porque imaginamos muito mais facilmente seus contrários, por isso ocorreram primeiro aos primeiros homens e usurparam o lugar dos nomes positivos. Afirmamos e negamos muita coisa porque a natureza das palavras, não a natureza das coisas, permite afirmá-lo ou negá-lo; ora, ignorando-se a natureza das coisas, facilmente tomaremos o falso pelo verdadeiro.

[90.] Evitamos ainda uma outra grande causa de confusão, que impede o intelecto de refletir sobre si mesmo: com efeito, quando não distinguimos entre imaginação e inteligência, julgamos mais claras para nós as coisas que mais facilmente imaginamos e desse modo pensamos entender o que apenas imaginamos. Então, as coisas que devem vir depois nós as antepomos e assim se perverte a verdadeira ordem do progresso e nada se conclui legitimamente.

[91.]* Para tratar, finalmente, da segunda parte deste Método[54], indicarei primeiramente nosso escopo neste Método e depois os meios para alcançá-lo. Quanto ao escopo, é o de ter ideias claras e distintas, isto é, ideias que venham do puro pensamento e que não sejam produzidas por movimentos fortuitos do corpo. Depois, para que todas as ideias sejam reduzidas a uma, tentaremos concatená-las e ordená-las de tal modo que nossa mente, tanto quanto pode ser, reproduza objetivamente o que existe formalmente na Natureza[55], seja no todo, seja em parte.

[92.] Quanto ao primeiro ponto, como já dissemos, é necessário para nosso escopo último que cada coisa seja concebida ou só por sua essência ou pela sua causa próxima. Se uma coisa existe em si ou, como se diz comumente, é causa de si mesma, ela deverá ser entendida só pela sua essência; se porém ela não existe em si, mas requer uma causa para existir, então deve ser compreendida pela sua causa próxima. Pois na verdade** o conhecimento do efeito nada mais é que adquirir um conhecimento mais perfeito da causa. [93.] Por conseguinte, nunca nos será permitido, enquanto tratamos da investigação das coisas, concluir qualquer coisa a partir de abstrações

---

* A regra principal desta segunda parte é, como se segue da primeira, passar em revista todas as ideias derivadas da pura inteligência, que em nós encontramos, para distingui-las daquelas que vêm da imaginação, o que deverá ser feito a partir das propriedades de cada uma, isto é, da imaginação e da inteligência.

[54] Estas palavras devem ser entendidas à luz do que ESPINOSA dissera no nº 49, onde, resumindo o que fora feito anteriormente, apresenta também um plano do que vai seguir-se até o fim. (N. do T.)

[55] Conf. p. 17, nota 19.

** Note-se que desde agora fica claro que não podemos entender nada da Natureza sem que, ao mesmo tempo, tornemos mais amplo o conhecimento da Causa primeira, isto é, Deus.

e, cuidadosamente, devemos precaver-nos para não misturar as coisas que existem só na inteligência com o que existe na realidade. Mas a melhor conclusão deverá ser tirada de alguma essência particular afirmativa ou de uma verdadeira e legítima definição. Pois que só dos axiomas universais não pode a inteligência descer às coisas singulares, uma vez que os axiomas se estendem a infinitas coisas e não determinam a inteligência no sentido de considerar uma certa coisa singular mais que qualquer outra. [94.] Pelo que o caminho certo da descoberta é formar pensamentos a partir de alguma definição dada, coisa em que se procederá com tanto maior felicidade e maior facilidade quanto melhor houvermos definido um ser qualquer. Pelo que o ponto capital de toda esta segunda parte do Método só em uma coisa consiste, isto é, em conhecer as condições de uma boa definição, e depois no modo de descobri-las. Tratarei, assim, primeiramente das condições da definição.

[95.] A definição, para que seja perfeita, deverá explicar a essência íntima da coisa e evitar que ponhamos no lugar dela certas propriedades. Para explicar isso, omitirei certos exemplos, a fim de não parecer estar querendo apontar erros de outros, e apresentarei só um exemplo, de uma coisa abstrata, que é indiferente que seja definida de um modo ou de outro, a saber, a definição do círculo; porque se este se define como uma certa figura em que as linhas tiradas do centro à periferia são iguais, ninguém deixará de ver que essa definição não explica, de modo algum, a essência do círculo, mas somente uma propriedade dele. E ainda que, como já disse, a respeito de figuras e de outros seres de razão isso pouco importe, contudo importa muito no que respeita a seres físicos e reais, pois que não se podem entender as propriedades das coisas enquanto se ignoram suas essências; se, pois, omitimos as essências, necessariamente pervertemos a concatenação da inteligência, que deve reproduzir a concatenação da Natureza, e nos afastaremos inteiramente de nosso escopo. [96.] Para evitar esse erro, deve-se observar o seguinte, na definição:

I. Se se trata de coisa criada, a definição deverá, como dissemos, compreender a causa próxima. Por exemplo, de acordo com essa regra, o círculo deve se definido como a figura descrita por uma linha qualquer, da qual uma extremidade é fixa e a outra móvel, definição esta que claramente compreende a causa próxima.

II. Requer-se que o conceito da coisa, isto é, a definição, seja tal que considerada só, não em conjunto com outras, todas as propriedades possam ser deduzidas da mesma, como se vê nessa definição do círculo. Com efeito, dela claramente se conclui que todas as linhas traçadas do centro à circunferência são iguais; e que isto é um requisito necessário da definição é por si mesmo tão claro a quem reflete no assunto que não parece valer a pena demorar na sua demonstração, nem também mostrar, a partir deste segundo requisito, que toda definição deve ser afirmativa. Falo da afirmação da inteligência, sem cuidar muito da verbal, que, em consequência da pobreza das palavras, pode, às vezes, ser expressa negativamente, ainda que seja entendida de modo afirmativo.

[97.] Quanto à definição de uma coisa incriada, eis os requisitos:

I. Que exclua toda causa, isto é, que o objeto, para sua explicação, não necessite de nada além do seu próprio ser.

II. Que, uma vez dada a definição da coisa, não haja lugar para perguntar se ela existe.

III. Que, em relação à mente, não contenha substantivos que possam ser adjetivados, isto é, a definição não deve explicar-se por meio de abstrações.

IV. E por último (quase não é preciso dizê-lo) requer-se que da definição de uma coisa possam ser deduzidas todas as suas propriedades. Tudo isso é manifesto a quem reflete com cuidado.

[98.] Disse também que a melhor conclusão devia ser tirada de alguma essência particular afirmativa, pois que, quanto mais especial é a ideia, tanto mais distinta e, por conseguinte, mais clara. O conhecimento das coisas particulares é, por isso, aquele que mais que todos deve ser procurado por nós.

[99.] No que respeita à ordem[56] para que todas as nossas percepções sejam ordenadas e unidas, requer-se que, o mais depressa possível – e a razão o exige – inquiramos se existe algum ser[57] e, ao mesmo tempo, qual é ele, que seja a causa de todas as coisas e cuja essência objetiva seja também a causa de todas as nossas ideias; e então nossa mente, como dissemos, reproduzirá ao máximo a Natureza, pois possuirá objetivamente a essência, a ordem e a união da mesma. Donde podemos ver que, antes de mais nada, é necessário que sempre deduzamos nossas ideias a partir das coisas físicas, ou seja, dos seres reais, avançando, quanto for possível, segundo a série das causas, de um ser real para outro ser real, para que desse modo não nos desviemos para as ideias abstratas e universais, a fim de evitarmos concluir delas algo real ou, também, que de algo real tiremos ideias abstratas, pois que tanto uma coisa como outra interrompe o verdadeiro progresso da inteligência. [100.] Mas é de notar que, aqui, por série das causas e dos seres reais não entendo a série das coisas singulares mutáveis, mas somente a série das coisas fixas e eternas. Pois seria impossível à fraqueza humana seguir a série das coisas singulares mutáveis, seja por causa da multidão delas, que supera todo número, seja por causa das infinitas circunstâncias atinentes a uma e mesma coisa, cada uma das quais pode ser a causa de que a coisa exista ou não exista, uma vez que sua existência não tem nenhuma conexão com a sua essência, ou – como já dissemos – não é uma verdade eterna. [101.] E em verdade não é também necessário que entendamos a série delas, visto que as essências das coisas singulares mutáveis não são dedutíveis da série destas, ou seja da sua ordem de existência; visto que esta nada nos oferece além de denominações extrínsecas, relações, ou no máximo circunstâncias, e tudo isso está bem longe da essência íntima das coisas. Esta, em

---

[56] Este é o terceiro ponto do Método, a que se refere o nº 49, sendo o próprio Método em seu conjunto, como já lembramos, o terceiro aspecto do plano geral do *Tratado da reforma da inteligência*, tal como é apresentado naquele texto. Por outro lado, a busca da ordem nos leva de pronto ao quarto aspecto do plano geral, que mostra a necessidade de partir da Ideia do Ser Perfeitíssimo. Na verdade, a ordem universal das ideias só se pode fazer a partir da ideia do Ser Perfeitíssimo. (N. do T.)

[57] A ideia do Ser Perfeito ou da Substância é uma essência particular afirmativa, a mais importante de todas, visto que dela poderemos deduzir as essências de todas as coisas. *Ética*, l. II, prop. XL, escólio II. (N. do T.)

37 verdade, deve ser procurada somente nas coisas fixas e eternas e também nas leis inscritas nessas coisas, como em seus verdadeiros códigos, leis segundo as quais todas as coisas singulares se fazem e se ordenam; ao contrário, essas coisas singulares mutáveis a tal ponto intimamente e essencialmente (por assim dizer) dependem das coisas fixas, que sem estas não podem existir nem ser concebidas. Pelo que essas coisas fixas e eternas, ainda que sejam singulares, entretanto em vista de sua presença em toda parte e de sua larguíssima potência, serão para nós como que universais, isto é, como que gêneros das definições das coisas singulares mutáveis e causas próximas de todas as coisas.

[102.] Mas, ainda que isso seja assim, todavia parece subsistir uma não pequena dificuldade para que possamos chegar ao conhecimento dessas coisas singulares, pois que conceber ao mesmo tempo todas as coisas ultrapassa de muito as forças da inteligência humana. A ordem, pois, segundo a qual uma é pensada antes da outra, como dissemos, não deve ser tirada da série de existência das coisas, nem também das coisas eternas, pois que nestas todas as coisas existem, por natureza, simultaneamente. Pelo que, outros auxílios devem necessariamente ser procurados, além daqueles que usamos para as coisas eternas e para entender suas leis; entretanto, não é este o lugar de tratar disso, nem é necessário, a não ser depois que tivermos adquirido suficiente conhecimento das coisas eternas e de suas infalíveis leis e depois que a natureza dos nossos sentidos se tiver tornado clara a nós.

[103.] Antes de tratar do conhecimento das coisas singulares, será oportuno considerar esses auxílios, que todos tendem a ensinar-nos a usar nossos sentidos e a fazer, segundo leis certas e segundo certa ordem, as experiências suficientes para determinar aquilo que se está estudando, a fim de que por meio delas verifiquemos segundo que leis das coisas eternas cada coisa acontece e a nós se torne clara a sua íntima natureza, como mostrarei em seu lugar[58]. Voltando ao nosso

---

[58] Neste número se encontra uma breve alusão ao lugar do estudo das coisas singulares sujeitas à mudança, quer dizer, da Física, no sistema de ESPINOSA. De um lado há as coisas fixas e eternas e suas leis que devemos buscar em nosso próprio entendimento. De

propósito, esforço-me aqui só para tratar das coisas que parecem necessárias para chegarmos ao conhecimento das coisas eternas e formarmos definições delas de acordo com as condições acima mencionadas.

[104.] Para isso, deve-se lembrar aquilo que acima dissemos, a saber, quando a mente considera um pensamento qualquer com o propósito de examiná-lo cuidadosamente e deduzir segundo uma boa ordem as consequências que dele legitimamente se devem deduzir, se esse pensamento for falso, descobrirá a sua falsidade; se, ao contrário, for verdadeiro, então, com felicidade, continuará sem nenhuma interrupção a deduzir dele ideias verdadeiras; isto, digo, é necessário ao nosso assunto. Pois que por nenhum outro fundamento nossos pensamentos podem ser determinados[59]. [105.] Se, pois, queremos descobrir qual é a primeira de todas as coisas, é necessário que seja posto algum fundamento que dirija para ela os nossos pensamentos. E, visto que o Método é o próprio conhecimento reflexivo, esse fundamento que deve dirigir nossos pensamentos não pode ser outro senão o conhecimento daquilo que constitui a forma da verdade e o conhecimento da inteligência, de suas propriedade e de suas forças. Uma vez adquiridos esses conhecimentos teremos um fundamento do qual deduziremos nossos pensamentos e um caminho em que a inteligência, segundo aquilo que sua capacidade permite, poderá chegar ao conhecimento das coisas eternas, tomando sempre em consideração as forças da inteligência. [106.] Porque se em verdade à natureza do pensamento pertence o formar ideias verdadeiras, como mostramos na primeira

---

outro lado, há as coisas singulares, sujeitas à mudança, cuja ordem não se pode alcançar nem a partir das existências, nem a partir das coisas eternas. Aqui surge então a necessidade da experiência, para verificar "segundo que leis eternas as coisas singulares acontecem"; e ao mesmo tempo a necessidade de estudar a natureza dos nossos sentidos. Nada disso, entretanto, importa agora. Contudo, devemos lembrar que ESPINOSA afirma que voltaria ao assunto, o que não faz, a não ser um pouco em algumas cartas. (N. do T.)

[59] Nossas ideias não podem ser determinadas de outro modo, isto é, a não ser pela possibilidade de pôr como ponto de partida, ou princípio, ou fundamento, uma ideia da qual elas possam ser deduzidas. Esse nos parece ser o sentido do texto tal como se encontra em GEBHARDT. Contudo, os comentadores têm sempre discutido não só o texto, mas a sua significação. Conf. Ch. Appuhn, *Oeuvres*, I, p. 545, nota ao § 60. (N. do T.)

parte, então importa perguntar agora que é que se entende por forças e capacidade da inteligência. E, como a parte principal do nosso Método consiste em entender o melhor possível as forças da inteligência e a sua natureza, somos necessariamente levados (por tudo aquilo que nesta segunda parte expus) a deduzi-las do próprio pensamento e da definição da inteligência. [107.] Mas até agora não tivemos nenhuma regra para descobrir definições; e, como não podemos apresentá-las a não ser que conheçamos a natureza e a definição da inteligência e sua capacidade, daí se segue que, ou a definição da inteligência tem de ser clara por si mesma, ou então que nada podemos entender. Ora, essa definição não é absolutamente clara por si mesma; mas, como as propriedades e todas as demais coisas que nos vêm da inteligência não podem ser percebidas clara e distintamente a não ser que se conheça a natureza dela, por isso a definição da inteligência se tornará clara por si mesma se examinarmos suas propriedades que clara e distintamente entendemos[60]. Enumeremos, pois, aqui essas propriedades, examinemo-las e comecemos a tratar desses nossos instrumentos inatos.

[108.] As propriedades da inteligência que principalmente notei e que entendo claramente são as seguintes:

I. Que ela envolve a certeza, isto é, que as coisas são, formalmente, como estão objetivamente[61] contidas na inteligência.

II. Que ela percebe certas coisas, quer dizer, há ideias que a inteligência forma absolutamente e há ideias que forma de outras ideias. Assim a ideia de quantidade[62], forma-a absolutamente, sem necessidade de outras ideias; a ideia de movimento, ao invés, não pode formá-la senão considerando a ideia de quantidade.

III. As ideias que forma absolutamente exprimem o infinito; as que são determinadas, forma-as de outras ideias. Assim a ideia de quantidade, se o intelecto a percebe como causa, então ele a deter-

---

[60] Estudamos as dificuldades deste texto na Introdução, pp. XLVII-XLIX. (N. do T.)
[61] Conf. p. 17, nota 19. (N. do T.)
[62] Quantidade equivale aqui a extensão, um dos atributos da substância. Conf. DARBORN, *op. cit.*, p. 41. (N. do T.)

mina como quantidade[63]; assim percebe, por exemplo, que um corpo nasce do movimento de um plano; o plano, do movimento de uma linha; e finalmente a linha, do movimento de um ponto; percepções estas que na verdade não servem para entender, mas somente para determinar a quantidade. O que se vê pelo fato de as concebermos como tendo origem no movimento, conquanto o movimento não seja percebido a não ser mediante a percepção da quantidade, e também porque podemos continuar até o infinito o movimento para formar uma linha, o que de modo algum poderíamos fazer se não tivéssemos ideia de uma quantidade infinita.

IV. A inteligência forma as ideias positivas antes de formar as negativas.

V. A inteligência percebe as coisas não tanto como sujeitas à duração, mas sob o ponto de vista da eternidade e em número infinito;

---

[63] Este é um texto de difícil tradução, que tem levado os comentadores a tentar corrigi-lo. Conf. A. CARLINI, *La Riforma della Intelligenza*, nota 67, p. 124; Ch. Appuhn, *Oeuvres*, I, p. 276; A. Koyré, *Traité de la Réforme de l'Entendement*, p. 89. Appuhn traduz: "Ainsi pour l'idée de quantité, quand il la perçoit par sa cause, alors il determine une quantité". E Koyré: "L'idée de quantité elle-même, s'il la perçoit par une cause, il la détermine", isto é, determina uma quantidade. A falha da tradução de Appuhn é que apresenta a ideia de quantidade como percebida por meio de uma causa, o que vai contra o próprio texto, que afirma que a quantidade é uma ideia infinita, independente de outra ideia. Já a tradução de Koyré, tão semelhante à de Appuhn, admite outro modo de entender, a saber: A ideia de quantidade é uma ideia absoluta; por isso mesmo quando *a ela se junta* uma ideia de causalidade, isto não é para *compreender a essência* da quantidade, mas só para *determinar* a quantidade, o que se ajusta perfeitamente ao exemplo que ESPINOSA dá e ao comentário que sobre esse exemplo ele faz: "quae quidem perceptiones non inserviunt ad intelligendam, sed tantum ad determinandam quantitatem". Nas mesmas linhas a tradução de Carlini: "Così l'idea di quantità, si vien percepita come causalità, determina una quantità..." Realmente nessa tradução se afasta o erro de falar em *causa* da quantidade, fala-se em quantidade percebida *como causa*. Nossa tradução se funda na possibilidade de traduzir *per causam* não no sentido instrumental, mas modal, tal como faz também Carlini. Nenhuma dessas traduções é inteiramente satisfatória, sendo a pior a de Appuhn, que vai, como já dissemos, contra afirmação clara do contexto imediatamente anterior. Felizmente a dificuldade de traduzir essas duas linhas não tem grandes consequências, visto que o pensamento do filósofo se torna claro com o que diz logo em seguida, com o exemplo e sua explicação, isto é, que o movimento de um plano, que é causa de um corpo, é *causa* do corpo só como uma quantidade determinada; a quantidade em si, em sua essência, não é originada por esse movimento, que aliás pressupõe a quantidade. Do mesmo modo podemos traçar uma linha pelo movimento de um ponto; essa linha será uma determinação da quantidade, que é em si mesma anterior a essa determinação, pois não poderíamos ter a ideia de continuar a estender a linha até o infinito se não tivéssemos quantidade ou extensão infinita. (N. do T.)

ou melhor, ao perceber as coisas não considera nem seu número nem sua duração; quando as coisas se imaginam é que elas se percebem segundo um número certo, uma duração e uma quantidade determinadas.

VI. As ideias claras e distintas que formamos apresentam-se como resultantes da só necessidade de nossa natureza, de tal modo que parecem depender absolutamente só de nossa capacidade; para as ideias confusas é o contrário: muitas vezes se formam contra nossa vontade.

VII. As ideias das coisas que a inteligência forma de outras, a mente pode determiná-las de muitos modos; por exemplo, para determinar o plano da elipse, supõe um estilete aderido a um cordão, que se move em torno de dois centros; ou então concebe um número infinito de pontos que conservam sempre uma mesma relação a uma linha reta dada, ou um cone cortado por um plano oblíquo, de tal modo que o ângulo da inclinação seja maior que o ângulo do vértice do cone, ou ainda de infinitos outros modos.

VIII. As ideias são tanto mais perfeitas quanto mais exprimem a perfeição de algum objeto. Não admiramos tanto o construtor que traçou o plano de uma igreja qualquer como aquele que planejou um grande templo.

[109.] Noutras coisas que se referem ao pensamento, como o amor, a alegria etc., não me demoro, pois que não dizem respeito ao nosso propósito e nem podem ser concebidas se primeiro não há percepção da inteligência. Efetivamente, eliminada a percepção, desaparecem todas elas.

[110.] As ideias falsas e fictícias não têm nada de positivo (como largamente mostramos) por que possam ser ditas falsas e fictícias; só por falta de conhecimento elas são consideradas desse modo. Por isso as ideias falsas e fictícias, enquanto tais, nada podem ensinar-nos sobre a essência do conhecimento; esta deve ser tirada das propriedades positivas que acabamos de enumerar, isto é, deve-se estabelecer alguma coisa comum[64], da qual se sigam necessariamente

---

[64] O sentido deste último § que parece voltar a um assunto já longamente tratado é o seguinte: as ideias falsas e fictícias não tendo nenhuma positividade nada nos podem

essas propriedades, ou que, uma vez estabelecida, dela decorram necessariamente essas propriedades – e que uma vez eliminada, todas elas desapareçam.

* * *

---

dizer sobre a natureza de nosso entendimento, nem também podem prejudicar nosso esforço para buscar uma definição do mesmo, uma vez que nos atenhamos às propriedades positivas que acabamos de mencionar. Essas propriedades não são outra coisa senão ideias absolutas e ideias que dependem de outras ideias. Tanto umas como outras nos levam ao princípio, ao *fundamentum*, que é uma ideia da qual as essências absolutas são a própria expressão (atributos) ou da qual se possam deduzir também as que não são absolutas: os modos. Essa mais alta ideia é também a que define o próprio entendimento: a essência de nosso entendimento em sua expressão mais alta é a ideia de Deus. Falta o resto, mas estamos no pórtico da *Ética*. (N. do T.)